L'elisir d'amore   愛の妙薬

Musica di
Gaetano Donizetti

作曲
ガエターノ・ドニゼッティ

Il soggetto è imitato da
LE PHILTRE
di E.Scribe
già musicato da D.Auber

原 作・原案
E.スクリーブ台本による
D.オベール作曲の歌劇
『媚薬』

Libretto di
Felice Romani

台本
フェリーチェ・ロマーニ

Prima rappresentazione:
Milano, Teatro della Canobbiana
12 maggio 1832

初演
カノッビアーナ劇場、ミラーノ
1832年5月12日

Traduzione in lingua giapponese
a cura di
Hiroyuki KAWAHARA

日本語訳
編集・校閲・注釈
©河原 廣之

Tutti i diritti sono riservati
proprietà New Pec Internazionale Operapec
Takako Kawahara, Luna e Sophia Hoshino

PERSONAGGI 登場人物

Adina,
ricca e capricciosa fittaiuola (soprano)
アディーナ
裕福で気まぐれな大地主の娘（ソプラノ）

Nemorino,
coltivatore; giovane semplice,
innamorato di Adina (tenore)
ネモリーノ
農地耕作人、清廉潔白な青年、
アディーナに恋をしている（テノール）

Belcore,
sergente di guarnigione (1)
nel villaggio (baritono)
ベルコーレ
村落における駐屯隊軍曹
（バリトン）

Il Dottore Dulcamara,
medico ambulante (basso comico)
ドゥルカマーラ博士
巡回医師　（コミックバス）

Giannetta,
villanella (soprano)
ジャンネッタ
村娘　（ソプラノ）

(1) sergente ＝ 軍曹
台本では sergente と記されていても
sargente と歌唱されることもあるが意味上の相違は無い。

Coro 合唱

villani e villanelle 　村の男女たち
soldati e suonatori del reggimento 　兵隊たち及び軍楽隊
un notaio 　公証人
due servitori 　ふたりの給仕

L'azione è in villaggio nel paese dei Baschi. 　バスク地方の片田舎 (1)

(1) 原作の『媚薬』では、この村はバスク地方を流れる
アドゥール川流域の村、モレオンと限定されている。

ドニゼッティは1797年ベルガモのこの部屋で誕生した

ATTO PRIMO 第1幕

Scena prima

第1景

Il teatro rappresenta l'ingresso d'una fattoria.
Campagna in fondo ove scorre un ruscello,
sulla cui riva alcune lavandaie preparano il bucato.
In mezzo un grande albero,
sotto il quale riposano Giannetta,
i mietitori e le mietitrici.
Adina siede in disparte leggendo.
Nemorino l'osserva da lontano.

舞台はある農園の入り口。
舞台奥に広がる田園には小川が流れ、
その川岸で何人かの女性たちが洗濯をしている。
舞台中央には大樹が一本聳えたち、
その木陰でジャンネッタ、
農夫たち、村娘たちが休んでいる。
アディーナは少し離れた所で座って本を読んでいる。
ネモリーノは彼女を遠くから観察している。

写真上:1970-71年スカラ座シーズン
写真左:ジャン=ピエール・ポネルによる舞台衣裳スケッチ

GIANNETTA e CORO
Bel conforto al mietitore,
quando il sol più ferve e bolle,
sotto un faggio, appiè di un colle
riposarsi e respirar!
Del meriggio il vivo ardore
Tempran l'ombre e il rio corrente;
ma d'amor la vampa ardente
ombra o rio non può temprar.
Fortunato il mietitore
che da lui si può guardar!

NEMORINO
Quanto è bella, quanto è cara!
(osservando Adina, che legge)

ジャンネッタと合唱
刈り入れ時の農民たちにとって素敵な慰め、
太陽が焼きつけ、熱を帯びる時
丘のふもとのブナの木陰で
身体を休め、ひと息つく時は!
真昼の灼熱を
この木陰と小川の流れが癒してくれる。
しかし、燃え上がる恋の炎は
木陰でも小川でも癒すことはできない。
刈り入れ時の農民たちは幸せだ、
そんなことに煩わされないから!

ネモリーノ
何と美しく、何と好感が持てる女性だろう!
(本を読んでいるアディーナを見つめながら)

Più la vedo, e più mi piace... 見れば見るほど、僕は彼女を好きになってゆく…
ma in quel cor non son capace しかし、あの心の中に、この仄かな(ほのかな)思いを
lieve affetto ad inspirar. (1) 吹き込むことは僕にはできない。
Essa legge, studia, impara... 彼女は本を読み、学び、習得する…
non vi ha cosa ad essa ignota... 彼女には知らないことなんかないのだ…
Io son sempre un idiota, 僕は相変わらず愚か者で
io non so che sospirar. 出来ることといえば、ため息をつくことだけ…
Chi la mente mi rischiara? 一体誰が僕に理性の光を与えてくれるのだろう?
Chi m'insegna a farmi amar? 一体誰が僕を愛するように仕向けてくれるのだろう?

(1) *lieve affetto d'inspirar* このように変更されているが意味は変わらない。

ADINA アディーナ
(ridendo) (笑いながら)
Benedette queste carte! このページとても興味深いわ!
È bizzarra l'avventura. 奇抜なアヴァンチュールよ。

GIANNETTA (2) ジャンネッタ
Di che ridi? Fanne a parte 何がおかしいの? その洒落たお話の
di tua lepida lettura. さわりだけでも聞かせてよ。

(2) *Giannetta e coro* ジャンネッタと合唱に変更されている。

ADINA アディーナ
È la storia di Tristano, トリスタンの騎士物語よ、
è una cronaca d'amor. 愛に関する著述よ。

CORO (3) 合唱
Leggi, leggi. 読んで、読んでくださいよ。

(3) *Giannetta e coro* ジャンネッタと合唱に変更されている。

NEMORINO ネモリーノ
(A lei pian piano 〈彼女にそっと近づいて
vo' accostarmi, entrar fra lor.) 彼らに合流してみたいな!〉

写真:フランコ・ゼッフィレッリによる舞台美術スケッチ(1954-55年スカラ座)

ADINA アディーナ
(legge) (4) (読む)
"Della crudele Isotta 運命に見放されたイゾルデ姫に
il bel Tristano ardea, 勇者トリスタンは恋焦がれておりました
né fil di speme avea イゾルデ姫をいつの日にか
di possederla un dì. 妻として迎える希望など全くなかったのにです…
Quando si trasse al piede あるとき、海千山千の
di saggio incantatore, 魔術師のもとに赴くと、
che in un vasel gli diede 魔術師は、ひとつの壺の中に
certo elisir d'amore, 〈愛の妙薬〉なる液体を入れ、それを差し出しました。
per cui la bella Isotta この妙薬によって、美しいイゾルデ姫は
da lui più non fuggì." もうトリスタンから逃げ去る事はなかったのです…

(4) このト書きには、
Tutti uniti intorno ad Adina.

(一同アディーナを取り囲む)
が追加されている。

TUTTI
Elisir di sì perfetta,
di sì rara qualità,
ne sapessi la ricetta,
conoscessi chi ti fa!

一同
それほどまでに効果的で
価値のある妙薬の
処方を知る事ができれば…
誰か作る事が出来ればなあ!

写真:アレッサンドロ・サンキリコによる舞台美術スケッチ
19世紀 リトグラフ スカラ座博物館蔵

ADINA
"Appena ei bebbe un sorso
del magico vasello
che tosto il cor rubello
d'Isotta intenerì.
Cambiata in un istante,
quella beltà crudele
fu di Tristano amante,
visse a Tristan fedele;
e quel primiero sorso
per sempre ei benedì."

アディーナ
トリスタンがその魔術師の壺から
ひと口啜ると、どうでしょう、
イゾルデ姫の
頑なな心に
たちどころに憐憫の情が目覚め
運命に見放されたと思われていた美女が
トリスタンの恋人となり
彼の愛に終生つかえたのでした。
あの最初のひと滴が
トリスタンを未来永劫祝福したのです。(1)

〈1〉ei＝彼＝トリスタン
この ei は作曲されていない。

TUTTI
Elisir di sì perfetta,
di sì rara qualità,
ne sapessi la ricetta,
conoscessi chi ti fa!

一同
それほどまでに効果的で
価値のある妙薬の
処方を知る事ができれば…
誰か作る事が出来ればなあ!

L'elisir d'amore di Gaetano Donizetti

Scena seconda

Suono di tamburo: Tutti si alzano.
Giunge Belcore guidando un drappello di soldati,
che rimangono schierati nel fondo.
Si appressa ad Adina,
la saluta e le presenta un mazzetto.

BELCORE
Come Paride vezzoso
porse il pomo alla più bella,
mia diletta villanella,
io ti porgo questi fior.
Ma di lui più glorioso,
più di lui felice io sono,
poiché in premio del mio dono
ne riporto il tuo bel cor.

第2景

小太鼓の音。一同立ち上がる。
兵士たちを従えたベルコーレがやって来る。
兵士たちは、整列して舞台奥に待機する。
ベルコーレはアディーナに近づき、
挨拶をして花束を捧げる。

ベルコーレ
美貌の王子パリスが
最も美しい女神に林檎を捧げた例に倣って(1)
我が愛しのお嬢さん、
貴女にこの花束を捧げましょう。
しかし、私はパリスよりもなお栄光に満ち、
さらにまた幸福なのです。
なぜならば、私の贈り物の褒賞として
その美しい心を獲得するからなのです。

(1) 最も美しい女神に林檎を…
アキレウスの両親の婚儀が催されることになった時、
全ての神々が出席したにもかかわらず、不和の女神エリス
だけは当然の事ながら招待されなかった。
怒ったエリスは、婚儀の宴席に[最も美しい女神に]と刻印
された黄金の林檎を投げ込んだ。この林檎をめぐって
ヘラ、アテナ、アフロディテの間に争いが起こった。
この時ゼウスがその裁定をパリスに託した。アフロディテは
世界一の美女ヘレネーをパリスに与える約束をすることで、
この黄金の林檎を手に入れた。ゼウスとレーダーの間に
生まれた絶世の美女ヘレネーは、スパルタ王メネラオスの
后であったが、トロイの王子パリスはメネラオス不在の折、
ヘレネーをかどわかし自国に連れ去った。
木馬で名高いトロイ戦争はこれが原因で始まった。

写真:フランコ・ゼッフィレッリによる舞台衣裳スケッチ
(1954-55年スカラ座)

ADINA
(alle donne)
(È modesto il signorino!)

GIANNETTA e CORO
(Sì, davvero.)

NEMORINO
(Oh! mio dispetto!)

BELCORE
Veggo chiaro in quel visino
ch'io fo breccia nel tuo petto.
Non è cosa sorprendente;
son galante, son sergente;
non v'ha bella che resista

アディーナ
(女性たちに)
〈あの方って遠慮深いわね!〉

ジャンネッタと合唱
〈ええ、本当に!〉

ネモリーノ
〈ああ、何と言う悪趣味!〉

ベルコーレ
そのかわゆい顔に明確に読み取れるのです
その胸の鼓動を癒すのは、この私であると!
別段驚愕するほどの事ではありませんよ、
私は女性に親切な… 軍曹…
抵抗する女性はいませんよ

alla vista d'un cimiero;
cede a Marte, Iddio guerriero, (1)
fin la madre dell'amor.

この軍帽の羽飾りを目にして…
軍神マルスには屈服したのですよ
愛の神の母親でさえ！(2)

(1) Iddio guerriero
スコアでは、*Dio guerriero* となっているが、意味はいずれも
「軍神」である。

(2) 愛の神の母親
愛の神はエロス＝キューピッドのこと。その母親はヴィーナス。
ヴィーナスは鍛冶の神ヘファイトスの妻となったが、
軍神マルスと情を通じエロスを産んだ。

ADINA
(È modesto!)

GIANNETTA e CORO
(Sì, davvero!)

NEMORINO
(Essa ride... Oh, mio dolor!) (3)

アディーナ
〈控え目な方ね！〉

ジャンネッタと合唱
〈ええ、本当に！〉

ネモリーノ
〈アディーナが微笑んでいる… ああ、僕の苦悩！〉

(3) Essa ride.... 彼女＝アディーナが微笑んでいる…
これは作曲されていない。

写真上：ジャン＝ピエール・ポネルによる
　　　　舞台衣裳スケッチ

写真上：マーリオ・ヴェッラーニ・マルキによる舞台美術スケッチ
　　　　1957－58年スカラ座シーズン

BELCORE
Or se m'ami,
com'io t'amo,
che più tardi a render l'armi?
Idol mio, capitoliamo:
in qual dì vuoi tu sposarmi?

ADINA
Signorino, io non ho fretta:
un tantin pensar ci vo'.

NEMORINO
(Me infelice, s'ella accetta!
Disperato io morirò.)

ベルコーレ
さあ、もし貴女を私が愛するように、
私を愛してくださるなら、
降伏するのも時間の問題でしょう、
私の愛する人、降伏の条件を交渉しましょう、
どの日にあなたは結婚をお望みですかな？

アディーナ
旦那さま、私は別段急いでいるのではありませんよ、
日取りに関しては熟慮する必要がありますわ。

ネモリーノ
〈アディーナが承諾すれば不幸が僕を襲う！
絶望して死んでしまうだろう。〉

BELCORE
Più tempo invan non perdere:
volano i giorni e l'ore:
in guerra ed in amore
è fallo l'indugiar.
Al vincitore arrenditi;
da me non puoi scappar.

ADINA
Vedete di quest'uomini,
vedete un po' la boria!
Già cantano vittoria
innanzi di pugnar.
Non è, non è sì facile
Adina a conquistar.

NEMORINO
(Un po' del suo coraggio
amor mi desse almeno!
Direi siccome io peno,
pietà potrei trovar.
Ma sono troppo timido,
ma non poss'io parlar.)

GIANNETTA e CORO
(Davver saria da ridere
se Adina ci cascasse,
se tutti vendicasse (1)
codesto militar!
Sì sì; ma è volpe vecchia,
e a lei non si può far.)

*(1) se tutti vendicasse
codesto militar!*

BELCORE
Intanto, o mia ragazza,
occuperò la piazza. Alcuni istanti
concedi a' miei guerrieri
al coperto posar.

ADINA
Ben volentieri.
Mi chiamo fortunata
di potervi offerir una bottiglia.

BELCORE
Obbligato.
(Io son già della famiglia.)

ADINA
Voi ripigliar potete
gl'interrotti lavori.
Il sol declina.

TUTTI
Andiam, andiamo.

Partono Belcore, Giannetta e il Coro.

ベルコーレ
これ以上時間を無駄に失ってはいけません。
日々も時も飛び去ってゆくのです。
戦地においても愛情においても
遅延は過失なのです。
勝者には従うのです、
私からあなたは逃れる事はできないのです。

アディーナ
一体どういうものかしら
この類いの男性どもの高慢さは!
もう凱歌を歌うなんて、
戦闘開始の前に!
決して、決して容易な事ではないのよ
アディーナを仕留めることは…

ネモリーノ
〈愛の神が少しだけでも
僕に勇気を与えてくれないかな!
そうすれば僕の苦しみを打ち明け
同情の気持ちを引き出せるのに…
それにしても僕は余りにも臆病で
話す事もできないのだ。〉

ジャンネッタと合唱
〈きっと本当に大笑いになるわ
もしアディーナが陥落すれば…
もしあの兵隊が (1)
みんなの恨みを晴らしてくれれば!
そう、そう。でも、彼女は老いた狡猾な雌狐、
きっと手出しはできないだろう〉

(1)この2行は作曲されていない。

ベルコーレ
さてさて、お嬢さん、
広場に落ち着くとしよう。暫くの間、
我が兵士たちが
休息をとってもかまいませんかな。

アディーナ
どうぞ、どうぞ。
葡萄酒の一壜でも
差し入れる事ができれば幸せというものですわ。

ベルコーレ
ありがたい。
〈俺はもう家族の一員だな。〉

アディーナ
さあ、みんな、まだ
刈り入れの作業は終わっていないわよ。
太陽も傾いてきたわ。

一同
行こう、さあ!

ベルコーレ、ジャンネッタ及び合唱は退場する。

L'elisir d'amore di Gaetano Donizetti

写真:カノッビアーナ劇場 (ミラーノ)
1894年にテアトロ・リリコに名称を変更した。

Scena terza

Nemorino e Adina.

NEMORINO
Una parola, o Adina.

ADINA
L'usata seccatura!
I soliti sospir! Faresti meglio
a recarti in città presso tuo zio,
che si dice malato e gravemente.

NEMORINO
Il suo mal non è niente appresso al mio.
Partirmi non poss'io...
Mille volte il tentai...

ADINA
Ma s'egli more,
e lascia erede un altro?...

NEMORINO
E che m'importa?...

ADINA
Morrai di fame, e senza appoggio alcuno.

NEMORINO
O di fame o d'amor... per me è tutt'uno.

ADINA
Odimi. Tu sei buono,
modesto sei, né al par di quel sergente
ti credi certo d'ispirarmi affetto;
così ti parlo schietto,
e ti dico che invano amor tu speri:
che capricciosa io sono, e non v'ha brama
che in me tosto non muoia appena è desta.

NEMORINO
Oh, Adina!... e perché mai?...

ADINA
Bella richiesta!
Chiedi all'aura lusinghiera

第3景

ネモリーノとアディーナ。

ネモリーノ
ひと言、お願いだ、アディーナ。

アディーナ
そればっかりね!
いつものため息! あんたの叔父さんを見舞いに
街に行った方がいいんじゃないの?
具合悪いって、それも随分悪いという噂よ。

ネモリーノ
僕のと比較すれば叔父の病なんて何でもないよ。
街には行けない…
千回もそうしようと思ったけれど…

アディーナ
でも死んでしまって
叔父さんが、あんたじゃない誰かに財産を分与すれば?…

ネモリーノ
そんな財産なんか!…

アディーナ
飢え死にするわよ… 誰も面倒見てくれないわよ…

ネモリーノ
アイ(愛)死にでもウエ(餓え)死にでも… 僕には同じ事だよ。

アディーナ
良く聞くのよ。あんたは良い人よ、
あの軍曹など比較にならない程あんたは謙虚よ。
あんた私に愛を吹き込んでるって勝手に思ってるけれど、
率直に言って
あんたが愛を期待するなんて無駄な事よ。
私は気まぐれ… 私の中で生まれてすぐに
消えてしまわない希望なんてないのよ。

ネモリーノ
そんな… アディーナ!… どうしてなんだい?…

アディーナ
なんて質問なの!
夢ばかり追いかけるそよ風に尋ねて御覧なさい、

perché vola senza posa
or sul giglio, or sulla rosa,
or sul prato, or sul ruscel:
ti dirà che è in lei natura
l'esser mobile e infedel.

NEMORINO
Dunque io deggio?...

ADINA
All'amor mio
rinunziar, fuggir da me.

NEMORINO
Cara Adina!... Non poss'io.

ADINA
Tu nol puoi? Perché?

なぜ休むことなく吹いているのかって…
ユリかと思えばバラのもとにいるし
草原かと思えば小川の川面…
あんたにこう答えてくれるよ… それはね、
移り気で不誠実なのが自然体なのよ、って。

ネモリーノ
それじゃあ僕は何をしなければ?…

アディーナ
私への愛なんか放棄して
私から距離を置くことね。

ネモリーノ
アディーナさん!… 僕にはそれはできない。

アディーナ
あんたにそれができないって? なぜ?

写真：エマヌエーレ・ルッツァーティによる舞台衣裳スケッチ
1970-71年スカラ座 アディーナとネモリーノ

NEMORINO
Perché!
Chiedi al rio perché gemente
dalla balza ov'ebbe vita
corre al mar, che a sé l'invita,
e nel mar sen va a morir:
ti dirà che lo strascina (1)
un poter che non sa dir.

ネモリーノ
なぜ!?
小川に尋ねてみるといい、
どうして断崖を落下する過酷な運命の中で
自らを海に導き
そして、海原に向かって死を急ぐのか、と。
小川は君に語るだろう、
説明できない力が導いているから、と。

(1) strascina スコアでは *trascina* となっているが、どちらも［導く］の意味。

ADINA
Dunque vuoi?...

NEMORINO
Morir com'esso,
ma morir seguendo te.

ADINA
Ama altrove: è a te concesso.

NEMORINO
Ah! possibile non è.

ADINA
Per guarir da tal pazzia,
ché è pazzia l'amor costante,
dèi seguir l'usanza mia,
ogni dì cambiar d'amante.

アディーナ
という事はあんたが望んでいるのは?…

ネモリーノ
小川のように死ぬんだ、
でも、君を追いながら死ぬ…

アディーナ
誰か別の人を探せば? あんたにはそれが正解よ。

ネモリーノ
違うよ! それは不可能だよ。

アディーナ
そんな馬鹿げた想いを癒すには…
誠実な愛なんて馬鹿みたい、
あんた、私の生きかた学ばなければ…
恋人は毎日取り替えるのよ。

L'elisir d'amore di Gaetano Donizetti

Come chiodo scaccia chiodo,	新たな心配事が、今までの不安を忘れさせるように、
così amor discaccia amor.	新しい愛は今までの愛を忘れさせてくれるのよ。
In tal guisa io rido e godo, (1)	その方法で私は笑い、そして愉しんでいるわ
in tal guisa ho sciolto il cor.	その方法で私は心を癒しているのよ。

     (1) *io rido e godo* スコアでは、繰り返し部分は
             io me la godo = 私はその方法を愉しんでいる
             と変更されている。

NEMORINO   ネモリーノ
Ah! te sola io vedo, io sento (2)   ああ！君だけを僕は見詰め、僕は感じる
giorno e notte e in ogni oggetto: 昼も夜もあらゆる状況の中で…
d'obbliarti invano io tento,   君を忘れようと努力してもその甲斐なく
il tuo viso ho sculto in petto...   僕は胸の中に君の顔を刻み込んでしまった…
col cambiarsi qual tu fai,   君のやり方で
può cambiarsi ogn'altro amor.   どんな愛もとっかえることはできるだろう、
Ma non può, non può giammai   しかし、出来ない、決して出来ないんだ
il primero uscir dal cor.   初恋の炎を心から締め出すなんて…

     (2) *Ah! te sola io vedo, io sento* スコアでは
                  Ah! Te sola io vedo e sento = ああ！君だけを見詰めそして感じる
                  と変更されている。

(partono)   （二人は退場する）

写真上：台本作家　フェリーチェ・ロマーニ

写真上：1970-71年スカラ座

Piazza nel villaggio. Osteria della Pernice da un lato.   村の広場。舞台の一方の側に「居酒屋やまうずら」がある。

Scena quarta   第4景

Paesani, che vanno e vengono occupati in varie faccende. 村人たちがそれぞれの仕事に精を出し往来している。
Odesi un suono di tromba: ラッパの音が聞こえる。
escono dalle case le Donne con curiosità: 家々から女性たちが好奇心に満ち満ちて出てくる。
vengono quindi gli uomini, ecc. ecc.   続いて男性たちなどもやって来る。

DONNE   女性たち
Che vuol dire codesta sonata?   あのラッパの音って何かしら？

UOMINI   男性たち
La gran nuova! venite a vedere.   一大事だ！見に来いよ。

DONNE   女性たち
Che è stato? (1)   どうしたっていうの？

                (1)このフレーズは作曲されていない。

UOMINI
In carrozza dorata
è arrivato un signor forestiere.
Se vedeste che nobil sembiante!
Che vestito! Che treno brillante!

TUTTI
Certo, certo egli è un gran personaggio...
Un barone, un marchese in viaggio...
Qualche grande che corre la posta...
Forse un prence... fors'anche di più.
Osservate... si avanza... si accosta: (1)
giù i berretti, i cappelli giù giù.

男性たち
黄金色の馬車に乗って
異邦の紳士が到着したぞ。
外見は高貴そうに見えるぞ!
何て立派な衣裳! 何と華美な馬車!

一同
勿論、きっと彼は重要人物に違いない…
旅の男爵、いや侯爵かも…
馬車を急がせる身分の高いお方…
公爵かも… いやいや、それ以上かも…
詳細に観察しよう… 前進… 近づいて…
みんな帽子を… 脱帽… お辞儀を!

(1)このフレーズは
Osservate... ver noi già s'avanza
詳細に観察しよう… もうすでに近づいているぞ。
に変更されている。

Scena quinta

Il dottore Dulcamara in piedi sopra un carro dorato, (2)
avendo in mano carte e bottiglie.
Dietro ad esso un servitore,
che suona la tromba.
Tutti i paesani lo circondano.

第5景

ドゥルカマーラ博士が黄金色の馬車の上に直立する。
何枚かのチラシと数本の壜を抱えている。
彼の後ろにはラッパを吹く
ひとりの召使いが控えている。
村人たち一同はドゥルカマーラを取り囲む。

(2) Dulcamara dulcamara は元来はナスやトマト科の植物の総称である。
これらの果肉の味覚、すなわち
dolce＝甘いと amaro＝苦いの合成造語である。
このオペラの大成功により、dulcamara は
"山師"の意味で使用されるようになった。

写真上：フランコ・ゼッフィレッリによる
ドゥルカマーラの舞台衣裳スケッチ(1954-55年スカラ座)

写真上：フランコ・ゼッフィレッリによる舞台美術スケッチ(1954-55年スカラ座)

DULCAMARA
Udite, udite, o rustici
attenti non fiatate.
Io già suppongo e immagino
che al par di me sappiate
ch'io sono quel gran medico,
dottore enciclopedico

ドゥルカマーラ
聞いて下さい、村の皆さん、さあ、お耳拝借!
集中して、無駄口は慎むべし。
推測するに、さらに想像するに
小生同様、諸君らは既に周知のはず
小生こそかの偉大なる医師
百科全書的医師

chiamato Dulcamara,	ドゥルカマーラと呼ばれる医師である事を。
la cui virtù preclara	その徳は比類なく卓越し
e i portenti infiniti	あまたの奇跡限りなく
son noti in tutto il mondo...	あらゆる国境を越え知れ渡り…
e in altri siti.	さらにそれ以外の所でも…
Benefattor degli uomini,	人類の恩人
riparator dei mali,	種々の疾病の治療者
in pochi giorni io sgombero	2, 3日もあれば一掃してしまい、
io spazzo gli spedali,	病院の機能は不必要、
e la salute a vendere	健康を販売するために
per tutto il mondo io vo.	世界中を巡回しているのだ。
Compratela, compratela,	購入しなさい、求めよ、
per poco io ve la do.	諸君らには破格の値段で販売する。
È questo l'odontalgico	この驚愕の液体は
mirabile liquore,	歯痛の鎮痛剤であり
dei topi e delle cimici	鼠に、さらにトコジラミには
possente distruttore,	効果絶大なる特効薬。
i cui certificati	処方の真贋は
autentici, bollati	紛れもなく認証済み、国税収入印貼付、
toccar, vedere e leggere	さあ、諸君らには
a ciaschedun farò.	触って、見て、読んでいただこう。
Per questo mio specifico,	この小生の特効薬あればこそ
simpatico, prolifico,	とある好感の持てる
un uom, settuagenario	齢70にならんとする
e valetudinario,	虚弱体質のご老体が
nonno di dieci bamboli	何と10人の
ancora diventò.	子持ちの好々爺として再起!
Per questo Tocca e sana	この特効薬『ノメーバキク』を服用するなら
in breve settimana	何と、数週間で
più d'un afflitta vedova	悲嘆にくれていた幾人もの未亡人が
di piangere cessò.	涙から解放された。
O voi, matrone rigide,	さあどうします、筋肉に凝りの溜まったマダーム、
ringiovanir bramate?	若返りをお望みでは?
Le vostre rughe incomode	不愉快極まりない顔のシワ、
con esso cancellate.	商標登録『ノメーバキク』で消そうではないか!
Volete voi, donzelle,	お嬢さんたち、その肌
ben liscia aver la pelle?	ツルツルにしたくありませんかな?
Voi, giovani galanti,	あんたたち、洒落た若い衆たち、
per sempre avere amanti?	恋人を持ち続けたくないのかね?
Comprate il mio specifico,	小生の特効薬を購入すべし、
per poco io ve lo do.	破格の値段で販売しようじゃないか。
Ei move i paralitici,	麻痺した身体が動き始め、
spedisce gli apopletici,	卒中疾患を
gli asmatici, gli asfitici,	喘息患者を、仮死患者を、
gl'isterici, i diabetici,	ヒステリー患者を、糖尿病疾患者を回復させ、
guarisce timpanitidi,	中耳炎疾患者を
e scrofole e rachitidi,	結核患者を、発育不全患者を、
e fino il mal di fegato,	さらには、流行した肝臓疾患まで
che in moda diventò.	完治するのだ。
Comprate il mio specifico,	小生の特効薬を購入すべし、
per poco io ve lo do.	破格の値段で販売しようじゃないか。
L'ho portato per la posta	この特効薬を馬車に載せ
da lontano mille miglia	数百里運んで来たのだ。
mi direte: quanto costa?	良く聞くべし、幾らほどの価格か?
quanto vale la bottiglia?	ひと壜如何ほどであるか?
Cento scudi?... Trenta?... Venti?	100スクード?… 30?… 20?…
No... nessuno si sgomenti.	まさか… 誰も驚かないとは!
Per provarvi il mio contento	ならば、かくも友好的な

di sì amico accoglimento,
io vi voglio, o buona gente,
uno scudo regalar.

CORO
Uno scudo! Veramente?
Più brav'uom non si può dar.

DULCAMARA
Ecco qua: così stupendo,
sì balsamico elisire
tutta Europa sa ch'io vendo
niente men di dieci lire:(1)
ma siccome è pur palese
ch'io son nato nel paese,
per tre lire a voi lo cedo,
sol tre lire a voi richiedo:
così chiaro è come il sole,
che a ciascuno, che lo vuole,
uno scudo bello e netto
in saccoccia io faccio entrar.
Ah! di patria il dolce affetto
gran miracoli può far.

諸君らの歓迎に小生の感謝を差し引いて
村の人たち、諸君らにですな…
1スクードをさらにオマケ!

合唱
1スクードオマケとは! 本当に?
これ以上立派な人物はいないぞ。

ドゥルカマーラ
取リイ出シマシタルコノ驚嘆スベキ
この上なき芳香充満したる妙薬
小生の販売網全欧州において
10リラ以下での販売はありえない!
だがこれも明確な事実
すなわち、小生も同郷の出身
3リラで譲ろうじゃないか
繰り返すが、たったの3リラ!
これは太陽が存在するのと同様明確な事実、
すなわち、諸君らに還元しようというワケですよ
まるまる光輝く1スクード
諸君らのポケットに押し戻そうというワケですよ。
ああ! 祖国に対する甘美な思いが
破格の奇跡を成就させるのですよ!

(1) dieci lire　10リラ
スコアでは、*nove lire* = 9リラとなっている。確かに、
1832年発刊のリコルディ版リブレットでは *nove lire* である。
この対訳は、ガルザンティ版リブレットを参考にしているため
dieci lire = 10リラとした。
1860年代のローマ・リラとローマ・スクードの換算率をもとに
作詞当時1830年代の換算を試みると、1リラはおよそ6.3スクード
となり、3リラは18.9スクード、すなわち、20スクードと比較して
およそ1スクード安価になる計算である。

CORO
È verissimo: porgete.
Oh! il brav'uom, dottor, che siete!
Noi ci abbiam del vostro arrivo
lungamente a ricordar.

合唱
本当だ! わけてくださいよ。
おお! あなたは素晴らしいひとだ、先生!
皆あなたの訪問を
ずっと覚えている事でしょう。

原作「媚薬」の著者 E. スクリーブ

1966-67年シーズン スカラ座

Scena sesta　　第6景

Nemorino e detti. | ネモリーノと前景の人々。

NEMORINO
(Ardir. Ha forse il cielo
mandato espressamente per mio bene
quest'uom miracoloso nel villaggio.
Della scienza sua voglio far saggio.)
Dottore... perdonate...
È ver che possediate
segreti portentosi?...

ネモリーノ
〈勇気を奮い起こして！ きっと天が
奇跡を起こすあの方を、特別に僕の幸福のために
この村に派遣されたに違いない。
あの方の科学の成果を僕は試してみたい。〉
先生… お邪魔ですか…
本当なのですか、先生が
驚くべき秘密の力をお持ちというのは？…

DULCAMARA
Sorprendenti.
La mia saccoccia è di Pandora il vaso.

ドゥルカマーラ
驚愕には値しない。
わしのポケットはパンドラの箱だ。

NEMORINO
Avreste voi... per caso...
la bevanda amorosa
della regina Isotta?

ネモリーノ
それでしたら… 偶然にもお持ちでは…
イゾルデ王妃の
愛の飲み物を？

DULCAMARA
Ah!... Che?... Che cosa?

ドゥルカマーラ
おや！… 何じゃ？… 何をだと？

NEMORINO
Voglio dire... lo stupendo
elisir che desta amore...

ネモリーノ
言いたかったのは… あの効果抜群の
愛を目覚めさせる妙薬ですが…

DULCAMARA
Ah! sì sì, capisco, intendo.
Io ne son distillatore.

ドゥルカマーラ
そうか、それ、それ！ わかっとるよ、理解しとるよ！
蒸留しとるのは、わしだ。

NEMORINO
E fia vero.

ネモリーノ
えっ、まさか！

DULCAMARA
Se ne fa
gran consumo in questa età.

ドゥルカマーラ
あんた位の年頃では
がんがん消費されておるぞ。

NEMORINO
Oh, fortuna!... e ne vendete?

ネモリーノ
ああ、聞いてみるもんだ！… 売ってくれますか？

DULCAMARA
Ogni giorno a tutto il mondo.

ドゥルカマーラ
世界中どこででも毎日売っとる。

NEMORINO
E qual prezzo ne volete?

ネモリーノ
それにはいくら払えば？

DULCAMARA
Poco... assai... cioè... secondo..

ドゥルカマーラ
ほんの少し… 充分に… つまり… 場合によって…

NEMORINO
Un zecchin...
null'altro ho qua...

ネモリーノ
1ゼッキーノ金貨…
ポケットにはこれだけしか持ち合わせが… (1)

(1) ゼッキーノ
1ゼッキーノはおよそ12リラ。

DULCAMARA
È la somma che ci va.

ドゥルカマーラ
まあ、それなら… 売っても良い額だな。

NEMORINO
Ah! prendetelo, dottore.

ネモリーノ
ああ！ さあ、受けとってください、先生。

DULCAMARA
Ecco il magico liquore.

ドゥルカマーラ
魔法の液体と交換だ。

NEMORINO
Obbligato, ah sì, obbligato!

ネモリーノ
感謝、ああ、感謝！

Son felice, son rinato. (1)　　　　　　　僕は幸せだ、僕は生き返ったようだ。
Elisir di tal bontà,　　　　　　　　　　この賞賛に値する妙薬を
Benedetto chi ti fa!　　　　　　　　　　製造した人に祝福あれ!

(1) , son rinato　スコアでは、son contento = 僕は満足している あるいは
son beato = 僕は最高に幸せだ と変更されている。

DULCAMARA　　　　　　　　　　　　　ドゥルカマーラ
(Nel paese che ho girato　　　　　　　〈わしの巡回販売した国で
più d'un gonzo ho ritrovato,　　　　　この男よりも間抜けた奴に出会ったためしがない。
ma un eguale in verità　　　　　　　　きっと、これと同等の人間は
non ve n'è, non se ne dà.) (2)　　　　存在もしないし、これからも出現しないだろう。〉

(2) この1行は
non si trova, non si dà = 見つからない、発生しない
と変更されている。

(Dulcamara per partire.)　　　　　　　（ドゥルカマーラは、まさに立ち去ろうとする。）

NEMORINO　　　　　　　　　　　　　　ネモリーノ
Ehi!... dottore... un momentino...　　ちょっと!… 先生… 待ってください…
In qual modo usar si puote?　　　　　　どのように使用することができるのですか?

DULCAMARA　　　　　　　　　　　　　ドゥルカマーラ (3)
Con riguardo, pian, pianino　　　　　　優しくいたわりながら、ゆっくり、ちょっとゆっくり…
la bottiglia un po' si scote...　　　　壜を少し揺り動かす…
Poi si stura... ma, si bada　　　　　　続いて栓を抜く… だが、注意!
che il vapor non se ne vada.　　　　　　蒸気が消え去らないように…
Quindi al labbro lo avvicini,　　　　　さらに続いて、下唇に近づけ
e lo bevi a centellini,　　　　　　　　そして、ちびりちびりそれを飲む…
e l'effetto sorprendente　　　　　　　すると驚愕すべき効用に
non ne tardi a conseguir.　　　　　　　遅からず達することになる。

(3) スコアでは、ネモリーノはドゥルカマーラの説明にいちいち
Ben = 了解! と答える。

NEMORINO　　　　　　　　　　　　　　ネモリーノ
Sul momento?　　　　　　　　　　　　　直ちに?

DULCAMARA　　　　　　　　　　　　　ドゥルカマーラ
A dire il vero,　　　　　　　　　　　　可能な限り正確に述べるならば
necessario è un giorno intero.　　　　24時間必要なのだ。
(Tanto tempo è sufficiente　　　　　　〈それだけあれば充分だ
per cavarmela e fuggir.)　　　　　　　難関を切り抜け、逃亡するには。〉

NEMORINO　　　　　　　　　　　　　　ネモリーノ
E il sapore?...　　　　　　　　　　　　で、その味覚は?

DULCAMARA　　　　　　　　　　　　　ドゥルカマーラ
Egli è eccellente... (4)　　　　　　　それはもうエクセレント!
(È bordò, non elisir.)　　　　　　　　〈何しろボルドー、妙薬などとんでもない。〉

(4) この掛け合いは以下のように変更されている。

NEMORINO　ネモリーノ
E il sapore?...　で、その味覚は?
DULCAMARA　ドゥルカマーラ
Eeccellente...　エクセレントt…
NEMORINO　ネモリーノ
Eeccellente?　エクセレント?
DULCAMARA　ドゥルカマーラ
Eeccellente.　エクセレント。

NEMORINO　　　　　　　　　　　　　　ネモリーノ
Obbligato, ah sì, obbligato!　　　　　感謝、ああ、感謝、ありがとう!
Son felice, son rinato.　　　　　　　　僕は幸せだ、僕は再生したようだ。
Elisir di tal bontà!　　　　　　　　　この賞賛に値する妙薬を
Benedetto chi ti fa!　　　　　　　　　製造した人に祝福あれ!

DULCAMARA
(Nel paese che ho girato
più d'un gonzo ho ritrovato,
ma un eguale in verità
non ve n'è, non se ne dà. (1)
Giovinotto! Ehi, ehi!

ドゥルカマーラ
〈わしの巡回販売した国で
この男よりも間抜けた奴に出会ったためしがない。
きっと、これと同類の人種は
存在もしないし、これからも出現しないだろう。〉
お若いの! おい、おい!

(1) この1行は
non si trova, non si dà = 見つからない、発生しない
と変更されている。

NEMORINO
Signore?

ネモリーノ
まだ何か?

DULCAMARA
Sovra ciò... silenzio... sai?
Oggidì spacciar l'amore
è un affar geloso assai:
impacciar se ne potria
un tantin l'Autorità.

ドゥルカマーラ
何よりも… 沈黙!… わかるな?
今日(きょう)愛を販売するという商いは
大変な嫉妬を生み出す仕事なのだ。
多少なりとも当局への
干渉とみなされる事もあるのだ。

NEMORINO
Ve ne do la fede mia:
neanche un'anima il saprà.

ネモリーノ
僕の忠誠を先生に差し出しますよ。
村人の誰一人として知る者はないでしょう。

DULCAMARA
Va, mortale avventurato;
un tesoro io t'ho donato:
tutto il sesso femminino
te doman sospirerà.
(Ma doman di buon mattino
ben lontan sarò di qua.)

ドゥルカマーラ
幸運な青年だ、行っていいぞ、
わしはお前に宝物を与えたのだ。
女という性を持つ者すべてが
明日にはお前にため息をつくのだ。
〈だが明日の頃合の良い朝には
ワシはここから充分遠くにいるはずだ。〉

NEMORINO
Ah! dottor, vi do parola
ch'io berrò per una sola:
né per altra, e sia pur bella,
né una stilla avanzerà.
(Veramente amica stella
ha costui condotto qua.)

ネモリーノ
ああ! 先生、お言葉ですが
僕はたった一人の女性のためにこれを飲むのです。
彼女以外の女性のためには、たとえ美人でも
一滴たりとも口にはしません。
〈僕に好意を持っている運命の星が
この方をここに導いて下さったのだ。〉

Dulcamara entra nell'osteria.

ドゥルカマーラは居酒屋の中に入ってゆく。

Scena settima

第7景

NEMORINO
Caro elisir! Sei mio!
Sì, tutto mio... Com'esser dêe possente
la tua virtù se, non bevuto ancora,
di tanta gioia già mi colmi il petto!
Ma perché mai l'effetto
non ne poss'io vedere
prima che un giorno intier non sia trascorso?
Bevasi. Oh, buono! Oh, caro! Un altro sorso.
Oh, qual di vena in vena
dolce calor mi scorre!...
Ah! forse anch'essa...
Forse la fiamma stessa
incomincia a sentir... Certo la sente...
Me l'annunzia la gioia e l'appetito
Che in me si risvegliò tutto in un tratto.

ネモリーノ
いとしい妙薬よ! お前は僕のものだ!
そうだ、全部僕のもの… 効果は絶大に違いない
まだ口にしていないのに、すでに
僕の胸の中でこんなに喜びが満ち満ちているのだから!
それにしても、なぜその効果を
僕は見ることができないのだろう…
24時間が完全に経過する前には?
飲むぞ。美味しいな! いい気分だ! もうひとくち…
ああ、血管から血管へと
甘美な熱が流れている!
ああ! 間違いなく彼女も…
きっと同じ炎を
感じ始めているはずだ… 当然感じているはずだ…
歓喜と欲望の兆しが見え始める
それは一瞬にして僕の体の中で再び目覚めた!

*(siede sulla panca dell'osteria:
si cava di saccoccia pane e frutta:
mangia cantando a gola piena)*
La ra, la ra, la ra.

Scena ottava

Adina e detto.

ADINA
(Chi è mai quel matto?
Traveggo, o è Nemorino?
Così allegro! E perché?)

NEMORINO
Diamine! È dessa...
*(si alza per correre a lei,
ma si arresta e siede di nuovo)*
(Ma no... non ci appressiam. De' miei sospiri
non si stanchi per or.
Tant'è... domani
adorar mi dovrà quel cor spietato.)

ADINA
(Non mi guarda neppur! Com'è cambiato!)

NEMORINO
La ra, la ra, la lera!
La ra, la ra, la ra.

ADINA
(Non so se è finta o vera
la sua giocondità.)

NEMORINO
(Finora amor non sente.)

ADINA
(Vuol far l'indifferente.)

NEMORINO
(Esulti pur la barbara
per poco alle mie pene:
domani avranno termine,
domani mi amerà.)

（居酒屋のベンチに腰掛ける。
ポケットからパンと果物を取り出し
声を張り上げて歌いながら食べる。）
ラララララーラ…

第8景

アディーナとネモリーノ。

アディーナ
〈あの強烈に変な男、一体誰かしら?
人違い? 違うわ、ネモリーノだわ!
あんなにはしゃいで! 何なの?〉

ネモリーノ
大変だ! アディーナだ…
（彼女の方に駆け寄ろうと立ち上がる。
しかし、思いとどまり、再びベンチに腰掛ける。）
〈やめておこう… 近づくのは。僕のため息で
今は彼女をうんざりさせないでおこう。
当然だが… 明日には
あの無慈悲な心は僕を賛美しなければならないのだ。〉

アディーナ
〈私を見ようともしないわ! こんなに変わるなんて!〉

ネモリーノ
ラララララーレーラ!
ラララララーラ…

アディーナ
〈見栄を張っているのか、空威張りなのか、
あの陽気さは。〉

ネモリーノ
〈まだ愛を感じていないようだな。〉

アディーナ
〈わざと無視したいつもりね!〉

ネモリーノ
〈たとえ無情な女性でも
もうすぐ僕の苦悩に歓喜を与えてくれる。
数々の苦しみも明日には終わるだろう
明日には僕を愛するだろう。〉

ADINA
(Spezzar vorria lo stolido,
gettar le sue catene,
ma gravi più del solito
pesar le sentirà.)

NEMORINO
La ra, la ra...

ADINA
(avvicinandosi a lui)
Bravissimo!
La lezion ti giova.

NEMORINO
È ver: la metto in opera
così per una prova.

ADINA
Dunque, il soffrir primiero?

NEMORINO
Dimenticarlo io spero.

ADINA
Dunque, l'antico foco?...

NEMORINO
Si estinguerà fra poco.
Ancora un giorno solo,
e il core guarirà.

ADINA
Davver? Me ne consolo...
Ma pure... si vedrà.

NEMORINO
(Esulti pur la barbara
per poco alle mie pene:
domani avranno termine
domani mi amerà.)

ADINA
(Spezzar vorria lo stolido
gettar le sue catene,
ma gravi più del solito
pesar le sentirà.)

Scena nona

Belcore di dentro, indi in iscena.

BELCORE
(cantando)
Tran tran, tran tran, tran tran.
In guerra ed in amore
l'assedio annoia e stanca.

ADINA
(A tempo vien Belcore.)

NEMORINO
(È qua quel seccator.)

BELCORE
(uscendo)

アディーナ
〈あの愚か者、自分の鎖を粉砕し
投げつけたいのだろうけれど
普段よりもずっと重い鎖を
きっと感じるはずだわ。〉

ネモリーノ
ラララララー…

アディーナ
(彼に近づきながら)
一体どういうつもり!
あんたには再教育が必要ね!

ネモリーノ
その通りだね! 試しに
こうやって実践しているんだ。

アディーナ
それじゃ、さっきまでの苦悩は?

ネモリーノ
忘れてしまいそうだよ。

アディーナ
それじゃ、かつての恋の炎は?…

ネモリーノ
もうすぐなくなってしまうよ。
あと一日の辛抱だ、
そうすれば心は完治するはずだよ。

アディーナ
ほんとうに? …なら良かったわね…
それでも… なるようにしかならないわよ。

ネモリーノ
〈たとえ情けの無い女性でも
もうすぐ僕の苦悩に歓喜を与えてくれる。
数々の苦しみも明日には終わるだろう
彼女は明日、僕を愛するだろう。〉

アディーナ
〈あの愚か者、自分の鎖を粉砕し
投げつけたいのだろうけれど
普段よりもずっと重い鎖を
きっと感じるはずだわ。〉

第9景

ベルコーレが舞台奥に現れ、その後、舞台に登場する。

ベルコーレ
(歌いながら)
トラーントラーン、トラーントラーン、トラーントラーン。
戦争でも、恋でも
攻略は退屈で疲弊させるものだ。

アディーナ
〈グッドタイミングでベルコーレの登場だわ。〉

ネモリーノ
〈あの邪魔者がここに!〉

ベルコーレ
(舞台に登場しながら)

Coraggio non mi manca (1) 勇気は充分に持ち合わせている
in guerra ed in amor. 戦争においても、愛においても。

(1)このフレーズは
Io vado all'arma bianca = 刀剣手にして進軍だ
に変更されている。

ADINA アディーナ
Ebben, gentil sergente ところで紳士的な軍曹さん、
la piazza vi è piaciuta? 広場はお気に召しまして?

BELCORE ベルコーレ
Difesa è bravamente 防御は実に堅牢で
e invano ell'è battuta. 従って打ち崩す事は困難ですな。

ADINA アディーナ
E non vi dice il core その心がすぐにも
che presto cederà? 降参するとは言わないの?

BELCORE ベルコーレ
Ah! lo volesse amore! それは…愛の神次第ですよ!

ADINA アディーナ
Vedrete che vorrà. 愛の神が望んでいるのをご覧になるわ!

BELCORE ベルコーレ
Quando? Sarìa possibile! いつ? そのような可能性が!!

NEMORINO ネモリーノ
(A mio dispetto io tremo.) 〈僕は苛立ちに震える。〉

BELCORE ベルコーレ
Favella, o mio bell'angelo; 言っておくれ、私の美しい天使、
quando ci sposeremo? いつ結婚式を挙げようか?

ADINA アディーナ
Prestissimo. 可能な限り早いうちに。

NEMORINO ネモリーノ
(Che sento!) 〈この耳どうかしているぞ!〉

BELCORE ベルコーレ
Ma quando? それは、いつの事?

ADINA アディーナ
(guardando di soppiatto Nemorino) (ネモリーノをこっそりと見ながら)
Fra sei dì. 6日後。

BELCORE ベルコーレ
Oh, gioia! Son contento. ああ、感激だ! 私は満足だ。

NEMORINO ネモリーノ
(ridendo) (笑いながら)
Ah ah! va ben così. アッハッハ! それだったらいいんだ。

BELCORE ベルコーレ
(Che cosa trova a ridere 〈笑う理由がどこにあるんだ
cotesto scimunito? あの馬鹿め!
Or or lo piglio a scopole 直ちにひっぱたいてやるぞ
se non va via di qua.) ここから立ち去らないのなら。〉

ADINA アディーナ
(E può sì lieto ed ilare 〈あんなに幸せそうで、陽気でいられるなんて、
sentir che mi marito! 私が結婚するという事を聞いたのに!
Non posso più nascondere こみ上げてくる怒りを
la rabbia che mi fa.) これ以上隠しておけないわ。〉

NEMORINO ネモリーノ
(Gradasso! Ei già s'immagina 〈威張り腐って! あいつは思い巡らせて

toccar il ciel col dito:
ma tesa è già la trappola,
doman se ne avvedrà.)

有頂天になっている。
だが策略は仕掛けてある
明日には気づくことになるだろう。〉

Scena decima

第10景

Suono di tamburo: esce Giannetta colle contadine, indi accorrono i soldati di Belcore.

太鼓の音が聞こえてくる。ジャンネッタが農婦たちと登場。続いて、ベルコーレの部下たちが駆け足で登場。

GIANNETTA
Signor sergente, signor sergente, (1)
di voi richiede la vostra gente.

ジャンネッタ
軍曹さん、軍曹さん、
部下の兵隊さんたちが探していますよ。

(1) sergente = 軍曹
スコアでは sargente = 軍曹 と変更されている。

写真：ジャン＝ピエール・ポネルによる舞台衣裳スケッチ

BELCORE
Son qua! Che è stato? Perché tal fretta?

ベルコーレ
ここにいる！ 何があった？ どうしてそんなに慌てている？

SOLDATO
Son due minuti che una staffetta
non so qual ordine per voi recò.

兵士
二分ほど前に伝令が軍曹にと…
如何なる命令が軍曹にもたらされたか解りませんが…

BELCORE
(leggendo)
Il capitano... Ah! Ah! va bene.
Su, camerati: partir conviene.

ベルコーレ
(読みながら)
隊長… そうか、そうか！ 了解。
急げ、お前たち、出発だ！

CORI
Partire!.. E quando?

男女の合唱
出発！… いつ？

BELCORE
Doman mattina.

ベルコーレ
明朝だ。

CORI
O ciel, sì presto!

男女の合唱
大変だ、そんなに慌しく！

NEMORINO
(Afflitta è Adina.)

ネモリーノ
〈アディーナは悲嘆にくれている。〉

BELCORE
Espresso è l'ordine, che dir non so.　(2)

ベルコーレ
命令は絶対だ、反論は出来ないのだ。

CORI
Maledettissima combinazione!
Cambiar sì spesso di guarnigione!
Dover le/gli amanti abbandonar!

男女の合唱
最悪の配置転換だ！
駐留地をこれほど頻繁に変えるとは！
また恋人を棄てなければならない！

BELCORE Espresso è l'ordine, non so che far. (3)	ベルコーレ 命令は絶対だ、如何ともし難い。
	(2),(3) スコアでは、(2)のフレーズはカットされ (3)のフレーズを(2)の位置で作曲している。
(ad Adina) Carina, udisti? Domani addio! Almen ricordati dell'amor mio.	*(アディーナに)* アディーナ聞いただろ？ 明日さようならだ！ せめて忘れないでおくれ、この愛を。
NEMORINO (Sì, sì, domani ne udrai la nova.)	ネモリーノ 〈そうだ、そうだ、明日には新しい知らせを聞くのだ。〉
ADINA Di mia costanza ti darò prova: la mia promessa rammenterò.	アディーナ 私の誠実さの証しを差し上げますわ、 約束は覚えていますわ。
NEMORINO (Sì, sì, domani te lo dirò.)	ネモリーノ 〈そうだ、そうだ、明日僕が君に言うんだ。〉
BELCORE Se a mantenerla tu sei disposta, ché non anticipi? Che mai ti costa? Fin da quest'oggi non puoi sposarmi?	ベルコーレ 約束を守る用意ができているなら どうして前倒ししないのかね？ 何か問題でも？ 今日中に結婚する事はできないのかね？
NEMORINO (Fin da quest'oggi!)	ネモリーノ 〈今日中に！〉
ADINA *(osservando Nemorino)* (Si turba, parmi.) Ebben; quest'oggi...	アディーナ *(ネモリーノの様子を伺いながら)* 〈混乱しているように見えるわ。〉 それじゃーぁ、今日…
NEMORINO Quest'oggi! di', Adina! (1) Quest'oggi, dici?...	ネモリーノ 今日！ ねえ、アディーナ！ 今日って言ったのかい？…
	(1) di': 動詞 dire (言う) の二人称命令形＝言っておくれ スコアでは di' は oh に変更されている。
ADINA E perché no?...	アディーナ ノーである理由でも？…
NEMORINO Aspetta almeno fin domattina.	ネモリーノ 待ってくれよ、せめて明日の朝まで…
BELCORE E tu che c'entri? Vediamo un po'.	ベルコーレ お前と何の関係がある。聞いてみようじゃないか。
NEMORINO Adina, credimi, te ne scongiuro... Non puoi sposarlo... te ne assicuro... Aspetta ancora... un giorno appena... un breve giorno... io so perché. Domani, o cara, ne avresti pena; te ne dorresti al par di me.	ネモリーノ アディーナ、お願いだから僕を信じておくれ… あの人とは結婚できないよ… 確約するよ… もう少しだけ待つんだ… たった１日じゃないか… あと数時間だよ… 理由は僕が知っている。 明日になれば、アディーナ、君は後悔するよ… 僕と同じように苦しむことになるんだよ。
BELCORE Il ciel ringrazia, o babbuino, ché matto, o preso tu sei dal vino. Ti avrei strozzato, ridotto in brani se in questo istante tu fossi in te. In fin ch'io tengo a fren le mani, va via, buffone, ti ascondi a me.	ベルコーレ やれやれ、この愚か者、 ワインで脳ミソをヤラれたんだな。 もしお前が正気だと言うのなら、 絞め殺して八つ裂きにしてやるのだが この両腕にブレーキをかけている間に 阿呆め、この目の届かない所に立ち去れ！
ADINA Lo compatite, egli è un ragazzo: un malaccorto, un mezzo pazzo:	アディーナ 大目に見てあげて、彼はまだ子供なのよ。 分別もないし、それに半分はいかれているんだから。

si è fitto in capo ch'io debba amarlo,
perch'ei delira d'amor per me.
(Vo' vendicarmi, vo' tormentarlo,
vo' che pentito mi cada al piè.)

GIANNETTA
Vedete un poco quel semplicione!

CORI
Ha pur la strana presunzione:
ei pensa farla ad un sergente,
a un uom di mondo, cui par non è.
Oh! sì, per Bacco, è veramente
la bella Adina boccon per te!

ADINA
(con risoluzione)
Andiam, Belcore,
si avverta il notaro.

NEMORINO
(smanioso)
Dottore! Dottore...
Soccorso! riparo! (1)

GIANNETTA e CORI
È matto davvero.

ADINA
(Me l'hai da pagar.)
A lieto convito,
amici, v'invito.

BELCORE
Giannetta, ragazze,
vi aspetto a ballar.

GIANNETTA e CORI
Un ballo! Un banchetto!
Chi può ricusar?

ADINA, BELCORE, GIANNETTA e CORI
Fra lieti concenti gioconda brigata,
vogliamo contenti passar la giornata:
presente alla festa amore verrà. (2)
(Ei perde la testa:
da rider mi fa.)

NEMORINO
Mi sprezza il sergente, mi burla l'ingrata,
zimbello alla gente mi fa la spietata.
L'oppresso mio core più speme non ha.
Dottore! Dottore!
Soccorso! Pietà.

Adina dà la mano a Belcore e si avvia con esso.
Raddoppiano le smanie di Nemorino;
gli astanti lo dileggiano.

私が彼を愛するはずだと決め付けているのよ。
私を愛する事でおかしくなっているんだから…
〈仕返ししてやる、苦しませてやる、
反省させてこの足元にひれ伏せさせてやる。〉

ジャンネッタ
みんな見て、あの単細胞！

男女の合唱
しかも妙な自信過剰、
軍曹とは比較にならないほどの
この世で最高に輝いた男だと思い込んでいる。
おお！これはびっくり、本当に
あの美しいアディーナがあいつの女になるかも！

アディーナ
(決意して)
行きましょう、ベルコーレ、
公証人に報告を！

ネモリーノ
(怒って)
先生！先生…
助けて！手を打たなければ！

(1) Soccorso を Aiuto と歌唱する場合もある。
意味はいづれも感嘆詞としての「助けてくれ」である。

ジャンネッタと合唱
すっかりいかれてるね。

アディーナ
〈思い知らせてやる。〉
幸福の宴に
友人の皆さん、招待いたしますわ。

ベルコーレ
ジャンネッタ、それにお嬢さんたち、
舞踏会でお待ちしていますよ。

ジャンネッタと合唱
踊り！豪華な食事！
誰が断るものですか！

アディーナ・ベルコーレ・ジャンネッタ・合唱
満ち足りた歓喜の中、陽気な仲間たちと
今日いち日を幸せに過ごしたい。
宴の席には愛の神もお出ましになるだろう。
〈彼は混乱している、
ああ、笑わせるわ。〉

(2)このフレーズは
presente alla festa amore sarà.
宴の席に愛の神も臨席されるだろう。
とする場合もある。

ネモリーノ
軍曹は僕を軽蔑するし、彼女は僕をからかっている。
そして無情にも僕を物笑いの種にしている。
耐え難い僕の心にはもう希望はない。
先生！先生！
助けて！お願いですから！

アディーナはベルコーレに手を差し出し、彼と退場する。
ネモリーノの焦りの気持ちは倍増する。
居合わせた人々は彼を嘲笑する。

ATTO SECONDO　　第2幕

Interno della fattoria d'Adina.　　アディーナの農場。

Scena prima　　第1景

Da un lato tavola apparecchiata
a cui sono seduti Adina, Belcore,
Dulcamara, e Giannetta.
Gli abitanti del villaggio in piedi bevendo e cantando.
Di contro i sonatori del reggimento,
montati sopra una specie d'orchestra, sonando le trombe.

舞台の一方に準備の整ったテーブルがあり、
そこにアディーナ、ベルコーレ、
ドゥルカマーラ及びジャンネッタが席に着いている。
村人たちは立ったまま飲んだり歌ったりしている。
反対側では連隊の軍楽隊が、
特別設えた演奏台の上でラッパを吹いている。

CORO
Cantiamo, facciam brindisi
a sposi così amabili.
Per lor sian lunghi e stabili
i giorni del piacer.

合唱
歌おう、乾杯しよう、
これほど愛すべき新郎新婦に。
末永く変わることない
幸せの日々が彼らのために続きますように。

BELCORE
Per me l'amore e il vino
due numi ognor saranno.
Compensan d'ogni affanno
la donna ed il bicchier.

ベルコーレ
私にとっては、愛も葡萄酒も
いずれも神のごとく神聖なもの。
どんな苦悩にも報いてくれる、
女性と杯は…

ADINA
(Ci fosse Nemorino!
Me lo vorrei goder.)

アディーナ
〈ここにネモリーノがいればいいのに!
私充分に楽しみたいのに。〉

CORO
Cantiamo, facciam brindisi
a sposi così amabili
per lor sian lunghi e stabili
i giorni del piacer.

合唱
歌おう、乾杯しよう、
これほど愛すべき新郎新婦に。
末永く変わることない
幸せの日々が彼らのために続きますように。

DULCAMARA
Poiché cantar vi alletta,
uditemi, signori:
ho qua una canzonetta,
di fresco data fuori,
vivace graziosa,
che gusto vi può dar,
purché la bella sposa
mi voglia secondar.

ドゥルカマーラ
どうしても歌いたい誘惑に駆られるので
みなさん、お聞きください。
小生ここに一篇の民謡を手にしております、
これは最近入手したもので
快活でしかも愛らしく
皆様にもご満足いただけるでしょう。
この美しい花嫁が
私の後に続いてくださる事を希望します。

TUTTI
Sì sì, l'avremo cara;
dev'esser cosa rara
se il grande Dulcamara
è giunta a contentar.

一同
勿論そうするさ。
きっと珍しい曲に違いない、
偉大なドゥルカマーラ先生を
満足させたのだから。

DULCAMARA
(cava di saccoccia alcuni libretti,
e ne dà uno ad Adina.)
"La Nina gondoliera,
e il senator Tredenti,
barcaruola a due voci."
Attenti.

ドゥルカマーラ
(ポケットから何冊かの冊子を取り出し
そのうちの一冊をアディーナに手渡す。)
「ゴンドラの女舟頭ニーナと
三本歯の元老院議員…
二声によるゴンドラ舟頭歌」
いざ、*注目!*

TUTTI
Attenti.

一同
注目!

DULCAMARA
Io son ricco, e tu sei bella,
io ducati, e vezzi hai tu:
perché a me sarai rubella?
Nina mia! Che vuoi di più?

ADINA
Quale onore! un senatore
me d'amore supplicar!
Ma, modesta gondoliera,
un par mio mi vuo' sposar.

DULCAMARA
Idol mio, non più rigor.
Fa felice un senator.

ADINA
Eccellenza! Troppo onor;
io non merto un senator.

DULCAMARA
Adorata barcaruola,
prendi l'oro e lascia amor.
Lieve è questo, e lieve vola;
pesa quello, e resta ognor.

ADINA
Quale onore! Un senatore
me d'amore supplicar!
Ma Zanetto è giovinetto;
ei mi piace, e il vo' sposar. (1)

DULCAMARA
Idol mio, non più rigor;
fa felice un senator.

ADINA
Eccellenza! Troppo onor;
io non merto un senator. (2)

ドゥルカマーラ
あたしゃ金持ち、あんたは別嬪
あたしにゃ金貨、あんたにゃ愛嬌
あんたはどうして頑なに拒否を？
あたしのニーナ！これ以上何を望むというのかね？

アディーナ
まあ、名誉ですわ！元老院の貴族が
私に愛を求めるですって！
でも、私は慎ましく暮らすゴンドラ漕ぎ、
私にふさわしい身分の方と結婚したいわ。

ドゥルカマーラ
そんなにつれなくしないでおくれ、愛する人よ、
この議員を幸せにしておくれ。

アディーナ
元老院議員！過分な名誉ですわ、
私は議員には相応しくありませんわ。

ドゥルカマーラ
愛すべきゴンドラ漕ぎの娘さん、
黄金を受け取り、愛は捨て去りなさい。
愛は取るに足らないもの、ふわふわ飛んでゆく…
黄金はずっしり、いつまでも残るもの。

アディーナ
まあ、名誉ですわ！元老院の議員さんが
私に愛を求めるですって！
でも、若いザネット…
私が好きで、結婚したいのはザネットよ！

(1) このフレーズは
che mi piace e vo' sposar.
私は好意を持ち、結婚したいの。と、変更されている。

ドゥルカマーラ
そんなにつれなくしないでおくれ、愛する人よ、
この議員を幸せにしておくれ。

アディーナ
元老院議員！過分な名誉ですわ、
私は議員には相応しくありませんわ。

(2) このフレーズは
far felice un senator. この議員を幸せにしておくれ
に変更されている。

写真：アレッサンドロ・サンキリコによる舞台美術スケッチ
19世紀 リトグラフ スカラ座博物館蔵

1966-67年シーズン スカラ座

TUTTI
Bravo, bravo, Dulcamara!

一同
いいぞ、いいぞ、ドゥルカマーラ先生！

La canzone è cosa rara.
Sceglier meglio non può certo
il più esperto cantator.

DULCAMARA
Il dottore Dulcamara
in ogni arte è professor.
(Si presenta un notaro.)

BELCORE
Silenzio!
(si fermano)
È qua il notaro,
che viene a compier l'atto
di mia felicità.

TUTTI
Sia il ben venuto!

DULCAMARA
T'abbraccio e ti saluto,
o medico d'amor, spezial d'Imene! (1)

これは珍しいカンツォーネだ。
間違いなくこれ以上優れた歌手は
選択できないだろう。

ドゥルカマーラ
医師ドゥルカマーラは
あらゆる芸術の師なのだ。
（ひとりの公証人が登場する。）

ベルコーレ
沈黙！
（一同静止する）
公証人が来られました、
私の幸せの契りを
完成させるために来られたのです。

一同
ようこそおいで下さいました！

ドゥルカマーラ
抱擁しましょう、握手しましょう、
おお、愛の医師、婚礼の神の調剤人！

(1) スコアでは
Primo uffizial, reclutator d'Imene ＝〔上級のお役人、
婚礼の導き手〕と変更されている。

写真：1970-71年シーズン スカラ座

ADINA
(Giunto è il notaro, e Nemorin non viene!)

BELCORE
Andiam, mia bella Venere...
Ma in quelle luci tenere
qual veggo nuvoletto?

ADINA
Non è niente.
*(S'egli non è presente
compita non mi par la mia vendetta.)*

BELCORE
Andiamo a segnar l'atto: il tempo affretta.

TUTTI
Cantiamo ancora un brindisi
a sposi così amabili:
per lor sian lunghi e stabili
i giorni del piacer.

Partono Tutti: Dulcamara ritorna indietro,

アディーナ
〈公証人が着いたのに、ネモリーノはやって来ない！〉

ベルコーレ
さあ行こう、私の美しいヴィーナス…
しかし、その優しい瞳の中に
私は何という翳りを見ることか！

アディーナ
何でもありませんわ。
〈彼が登場しなければ
私のお仕置きが完成しないのよ。〉

ベルコーレ
婚姻証明書に署名をしに行こう。時間がないのだ。

一同
歌い、もう一度乾杯しよう、
これほど愛すべき新郎新婦に。
末永く変わることない
幸せの日々が彼らのために続きますように。

一同立ち去る。ドゥルカマーラは舞台奥に戻り

e si rimette a tavola.

再びテーブルにつく。

アディーナ：サビーヌ・ハインフェッター
ドゥルカマーラ：ジュゼッペ・フレッツォリーニ
1832年初演時

Scena seconda

Dulcamara, Nemorino.

DULCAMARA
Le feste nuziali,
son piacevoli assai; ma quel che in esse
mi dà maggior diletto
è l'amabile vista del banchetto.

NEMORINO
(sopra pensiero)
Ho veduto il notaro:
sì, l'ho veduto... Non v'ha più speranza,
Nemorino, per te; spezzato ho il core.

DULCAMARA
(cantando fra i denti)
"Idol mio, non più rigor,
fa felice un senator."

NEMORINO
Voi qui, dottore!

DULCAMARA
Sì, mi han voluto a pranzo
questi amabili sposi, e mi diverto
con questi avanzi.

NEMORINO
Ed io son disperato.
Fuori di me son io. Dottore, ho d'uopo
d'essere amato... prima di domani.
Adesso... su due piè.

DULCAMARA
(s'alza)
(Cospetto, è matto!)
Recipe l'elisir, e il colpo è fatto.

NEMORINO

第2景

ドゥルカマーラとネモリーノ。

ドゥルカマーラ
婚礼の宴というものは
とても愉しいものだ。しかしその宴の中でも
とりわけワシを愉しませてくれるのは
愛すべき花嫁の姿なのだ。

ネモリーノ
(放心して)
公証人を見たぞ。
そうだ、あれは公証人だった… ネモリーノよ、お前には
もう希望はないのだ。この心は砕け散ってしまった。

ドゥルカマーラ
(鼻歌を歌いながら)
そんなにつれなくしないでおくれ、愛する人よ、
この元老院議員を幸せにしておくれ。

ネモリーノ
先生、ここにいらしたんですか。

ドゥルカマーラ
そうだよ、例の愛すべき新郎新婦が
ワシを宴席に呼んでくれたのだ。そこで今、
酒席の残り膳を愉しんでおる。

ネモリーノ
その一方で、僕は絶望しています。
僕は自分が解らない。先生、僕は
愛される必要があるのです… 明日になる前に。
今… 即座に！

ドゥルカマーラ
(立ち上がる)
〈あいた口が塞がらん、こいつは馬鹿か！〉
妙薬を受取るのだ… それで全てがつつがなく…

ネモリーノ

E veramente amato
sarò da lei?...

DULCAMARA
Da tutte: io tel prometto.
Se anticipar l'effetto
dell'elisir tu vuoi, bevine tosto
un'altra dose. (Io parto fra mezz'ora.)

NEMORINO
Caro dottor, una bottiglia ancora.

DULCAMARA
Ben volentier. Mi piace
giovare a' bisognosi. Hai tu danaro?

NEMORINO
Ah! non ne ho più.

DULCAMARA
Mio caro
la cosa cambia aspetto. A me verrai
subito che ne avrai. Vieni a trovarmi
qui, presso alla Pernice:
ci hai tempo un quarto d'ora.

Partono.

でも本当に
僕は彼女から愛されるのですか?…

ドゥルカマーラ
どんな女性からもだ、ワシがお前に確約する。
もし、妙薬の効用を前倒ししたいのなら
ただちにもうひと壜飲めばよい。
〈あと30分すれば、ワシは出発だ。〉

ネモリーノ
愛すべき先生。もうひと壜!

ドゥルカマーラ
喜んで。必要としている人間の
役に立てる事はワシの最も好む所。お前、金は?

ネモリーノ
ああ! もうすっかりなくなってしまって…

ドゥルカマーラ
君ね、それじゃ
状況は変わるんだよ。金を入手したら
ワシの所に飛んで来なさい。ここを探しに来なさい、
居酒屋ヤマウズラにいるからな。
15分だけ待ってやるからな。

二人は退場する。

Scena terza

Nemorino, indi Belcore.

NEMORINO
(si getta sopra una panca)
Oh, me infelice!

BELCORE
La donna è un animale
stravagante davvero. Adina m'ama,
di sposarmi è contenta, e differire
pur vuol sino a stasera!

NEMORINO
(si straccia i capelli)
(Ecco il rivale!
Mi spezzerei la testa di mia mano.)

BELCORE
(Ebbene, che cos'ha questo baggiano?)

第3景

ネモリーノに続いてベルコーレ

ネモリーノ
(ベンチの上に身を投げ出す)
ああ、不幸な僕!

ベルコーレ
〈女性というものは
本当に風変わりな生き物だ。アディーナは私を愛し
結婚することに満足している。それなのに、
今晩まで延期したいとは!〉

ネモリーノ
(髪の毛をかきむしる)
〈あれは恋敵!
僕の手で頭を割ってやりたい。〉

ベルコーレ
〈おやおや、あの馬鹿者、どうしたというのだろう?〉

Ehi, ehi, quel giovinotto! Cos'hai che ti disperi?	おーい、そこの若いの! 何を絶望しているのだ?
NEMORINO Io mi dispero... perché non ho denaro... e non so come, (1) non so dove trovarne.	ネモリーノ 僕は望みが断たれて… なぜかといえば… お金がなくて… どうやって、 どこで手に入れるのか解らなくて…
	(1) e non so come, = どうやって、は作曲されていない。
BELCORE Eh! scimunito! Se danari non hai, fatti soldato... e venti scudi avrai.	ベルコーレ なーんだ! そんな間抜けた事か! もしお前に金が無いというのなら 兵士になれば良い… 20スクーディはお前のものだ。
NEMORINO Venti scudi!	ネモリーノ 20スクーディ!
BELCORE E ben sonanti.	ベルコーレ 即金で。
NEMORINO Quando? Adesso?	ネモリーノ いつですか? 今ですか?
BELCORE Sul momento.	ベルコーレ 今だ。
NEMORINO (Che far deggio?)	ネモリーノ 〈どうするべきか?〉
BELCORE E coi contanti, gloria e onore al reggimento.	ベルコーレ 現金ばかりか 連隊での栄光と名誉も手に入るぞ。
NEMORINO Ah! non è l'ambizione, che seduce questo cor.	ネモリーノ ああ! この心を引き付けるのは 野心ではないのです。
BELCORE Se è l'amore, in guarnigione non ti può mancar l'amor.	ベルコーレ もし愛だというのなら、駐屯隊では 愛に欠乏する事はないぞ。
NEMORINO (Ai perigli della guerra io so ben che esposto sono: che doman la patria terra, zio, congiunti, ahimè! abbandono. Ma so pur che, fuor di questa, altra strada a me non resta per poter del cor d'Adina un sol giorno trionfar. Ah! chi un giorno ottiene Adina... fin la vita può lasciar.)	ネモリーノ 〈戦地の危険に この身を晒す事は充分に承知している。 明日、祖国の大地を、 叔父を、親戚を、ああ、僕は棄てるのだ! でも、これも確かだ… この方法以外に 僕には道は残されていないのだ、 アディーナの心を たった1日でも勝ち取るためには! ああ! アディーナを1日でも獲得する者は 命でさえ捨て去る事ができるはずだ。〉
BELCORE Del tamburo al suon vivace, tra le file e le bandiere, aggirarsi amor si piace con le vispe vivandiere: sempre lieto, sempre gaio ha di belle un centinaio. Di costanza non s'annoia, non si perde a sospirar. Credi a me: la vera gioia accompagna il militar.	ベルコーレ 勇壮な太鼓の響きにあわせ 隊列と軍旗の中を、 愛の神は好まれる… きびきびした衛兵の女酒保と共に巡ることを。 常に陽気に、常に快活に、 愛の神には百人もの美女が傍にいて 変わらぬ愛に悲しむ事もなく 嘆きの愛に迷う事もないのだ。 私を信じなさい。真の喜びは 軍隊と抱き合わせなのだ。

NEMORINO
Venti scudi!

BELCORE
Su due piedi.

NEMORINO
Ebben vada. Li prepara.

BELCORE
Ma la carta che tu vedi
pria di tutto dêi segnar.
Qua una croce.

Nemorino segna rapidamente e prende la borsa.

NEMORINO
(Dulcamara
volo tosto a ricercar.)

BELCORE
Qua la mano, giovinotto,
dell'acquisto mi consolo:
in complesso, sopra e sotto
tu mi sembri un buon figliuolo,
sarai presto caporale,
se me prendi ad esemplar.
(Ho ingaggiato il mio rivale:
anche questa è da contar.)

NEMORINO
Ah! non sai chi m'ha ridotto
a tal passo, a tal partito:
tu non sai qual cor sta sotto
a quest'umile vestito; (1)
quel che a me tal somma vale
non potresti immaginar.
(Ah! non v'ha tesoro eguale,
se riesce a farmi amar.)
(partono)

ネモリーノ
20スクード!

ベルコーレ
即金で。

ネモリーノ
承知致しました。御用意願います。

ベルコーレ
だが、この書類に目を通し
署名をしなければならん。
ここに十字の印を。

ネモリーノは急いでサインをして金を受け取る。

ネモリーノ
〈ドゥルカマーラ先生を
探しに突っ走ろう!〉

ベルコーレ
さあ、新兵、契約成立の握手だ、
お前の入隊に私は満足だ。
頭の天辺からつま先まで
お前は実に立派な青年に見える。
すぐにお前は伍長になれるぞ、
私を良き手本としていればな…
〈俺の恋敵を無理矢理入隊させてやった…
それなりの役には立つだろう。〉

ネモリーノ
ああ! 誰が僕に入隊するというこの第一歩を
踏み出させたのか、あなたはご存知無いでしょう。
あなたは、どんな心が、この貧しい服の下に
隠されているか知らないでしょう。
この現金が、一体どれ程の価値があるか
あんたには想像する事もできないだろう。
〈ああ! これに匹敵する宝はないのだ
もし彼女を愛させる事ができれば。〉
(彼らは退場する。)

(1) umile = 貧しい、貧相な
スコアでは、semplice = 最も階級の低い兵士の
に置き換えられている。

Scena quarta

*Piazza nel villaggio come nell'Atto primo.
Giannetta e paesane.*

第4景

第1幕と同じ村の広場。
ジャンネッタと村の娘たち。

L'elisir d'amore di Gaetano Donizetti

CORO
Sarà possibile? (1)

合唱
そんな事可能かしら？

(1) Sarà (原形 essere = ～である の
直説法三人称未来形単数)
スコアでは、Saria = sarebbe (原形 essere の
条件法三人称現在形)に変更されている。
Saria possibile =〔条件さえ許せば〕可能性ありよね！

GIANNETTA
Possibilissimo.

ジャンネッタ
大ありよ！

CORO
Non è probabile.

合唱
不可能よ。

GIANNETTA
Probabilissimo.

ジャンネッタ
それが大ありなのよ。

CORO
Ma come mai? Ma d'onde il sai?
Chi te lo disse? Chi è? Dov'è?

合唱
何があったの？ それって、どこで知ったの？
誰が教えてくれたの？ 誰？ どこで？

GIANNETTA
Non fate strepito: parlate piano:
non ancor spargere si può l'arcano:
è noto solo al merciaiuolo,
che in confidenza l'ha detto a me.

ジャンネッタ
大騒ぎしないでよ、小さな声で話してね。
この秘密はまだ公になってはいけないのよ。
小間物屋さんだけに情報がまわっていて
私と親密にしているからって教えてくれたの。

CORO
Il merciaiuolo! L'ha detto a te!
Sarà verissimo... Oh! Bella affé!

合唱
小間物屋が！ あなたに教えてくれたのね！
九分九厘本当ね… まあ！ やったわね！

GIANNETTA
Sappiate dunque che l'altro dì
di Nemorino lo zio morì,
che al giovinotto lasciato egli ha
cospicua immensa eredità...
Ma zitte... piano... per carità.
Non deve dirsi.

ジャンネッタ
先日、ネモリーノの叔父さんが
亡くなったところまでは、話したわよね。
で、叔父さんはネモリーノに残したのよ…
莫大な、おびただしい… 遺産を…
黙って！… 言っちゃ駄目… 頼むわよ、
まだ誰にも言っちゃいけないのよ！

CORO
Non si dirà.

合唱
言わない、言わない！

TUTTE
Or Nemorino è milionario...
è l'Epulone del circondario...
un uom di vaglia, un buon partito...
Felice quella cui fia marito!
Ma zitte... piano... per carità
non deve dirsi, non si dirà.
*(veggono Nemorino che si avvicina,
e si ritirano in disparte curiosamente osservandolo)*

女性一同
今やネモリーノさまは億万長者…
隣の領地にまで鳴り響く金満家…
手形も扱えるし、ベターハーフには最適よね…
彼を夫にできる人は幸せね！
黙って！ 静かに… お願いよ、
まだ誰にも言っちゃいけないのよ！
（彼女たちはネモリーノが近づいてくるのを見ると、
興味深そうに彼を観察しながら離れる。）

Scena quinta

第5景

Nemorino e dette.

ネモリーノと前景の女性たち。

NEMORINO
Dell'elisir mirabile
bevuto ho in abbondanza,
e mi promette il medico
cortese ogni beltà.
In me maggior del solito
rinata è la speranza,
l'effetto di quel farmaco

ネモリーノ
感嘆すべき妙薬を
僕は大量に飲んだ…
ドゥルカマーラ先生は僕に約束してくれた、
あらゆる種類の愛想の良い美人を！
僕の身体の中で、普段よりも強力な期待が
再び目覚めてきた。
例の妙薬の効用が

già già sentir si fa.

CORO
(E ognor negletto ed umile:
la cosa ancor non sa.)

NEMORINO
Andiam.
(per uscire)

GIANNETTA e CORO
(arrestandosi)
Serva umilissima.
(inchinandolo)

NEMORINO
Giannetta!

CORO
(l'una dopo l'altra)
A voi m'inchino.

NEMORINO
(fra sé meravigliato)
(Cos'han coteste giovani?)

GIANNETTA e CORO
Caro quel Nemorino!
Davvero ch'egli è amabile:
ha l'aria da signor.

NEMORINO
(Capisco: è questa l'opera
del magico liquor.)

そうだ、すでに効きはじめているんだ。

合唱
〈相変わらずだらしなくて、みすぼらしいわね。
まだあのこと知らないのよ。〉

ネモリーノ
出陣だ。
(退場しようとする)

ジャンネッタと合唱
(引き止めながら)
わたし、あなた様の卑しいしもべ。
(彼にひざまずきながら)

ネモリーノ
ジャンネッタ!

合唱
(ひとりづつ順番に)
あなた様に跪きますわ。

ネモリーノ
(驚いて独白)
〈こんなに大勢の若い娘たち、どうしたんだろう?〉

ジャンネッタと合唱
あちらのネモリーノ様って、何て素敵!
本当にあの人ったら愛しいお方ね、
まるで貴族のような雰囲気。

ネモリーノ
〈これか! これがあの
魔法の液体の効果なんだ!〉

写真:フランコ・ゼッフィレッリによる舞台美術スケッチ(1954-55年スカラ座)

Scena sesta

*Adina e Dulcamara entrano da varie parti,
si fermano in disparte meravigliati a veder Nemorino
corteggiato dalle contadine.*

NEMORINO
Ah! ah! ah! ah! ah! ah!

ADINA e DULCAMARA
Che vedo?

NEMORINO
È bellissima!

第6景

アディーナとドゥルカマーラが別々の方向から登場する。
ネモリーノが数多くの娘たちから誘惑されているのを
目の当たりにして、ふたりとも驚愕して立ち止まる。

ネモリーノ
アッハッハ!

アディーナとドゥルカマーラ
この目が信じられない!

ネモリーノ
素晴らしい!

Dottor, diceste il vero.
Già per virtù simpatica
toccato ho a tutte il cor.

ADINA
Che sento?

DULCAMARA
E il deggio credere!
(alle contadine)
Vi piace?

GIANNETTA e CORO
Oh sì, davvero.
E un giovane che merta
da noi riguardo e onor!

ADINA
Credea trovarlo a piangere,
e in giuoco, in festa il trovo;
ah, non saria possibil
se a me pensasse ancor.

GIANNETTA e CORO
Oh, il vago, il caro giovine!
Da lui più non mi movo.
Vo' fare l'impossibile
per inspirargli amor.

NEMORINO
Non ho parole a esprimere
il giubilo ch'io provo;
se tutte, tutte m'amano
dev'essa amarmi ancor,
ah! che giubilo!

DULCAMARA
Io cado dalle nuvole,
il caso è strano e nuovo;
sarei d'un filtro magico
davvero possessor?

GIANNETTA
(a Nemorino)
Qui presso all'ombra
aperto è il ballo.
Voi pur verrete?

NEMORINO
Oh! senza fallo.

CORO
E ballerete?

GIANNETTA
Con me.

NEMORINO
Sì.

CORO
Con me.

NEMORINO
Sì.

GIANNETTA

先生、あの言葉は本当だったんですね、
あの魅惑的な効能のおかげで
僕はすべての女性の心を捕えたようです。

アディーナ
この耳を疑うわ!

ドゥルカマーラ
ワシも信じなければならないのか!
(娘たちに)
彼のこと好きなのかね?

ジャンネッタと合唱
ええ、勿論!
あの青年は
私たちにとって尊敬にも名誉にも値するわ!

アディーナ
〈落胆し涙する彼を想像していたのに
私が見るのは、浮かれて陽気な姿。
ああ、でもそんな事ありえないはず、
もし今でも私のことを思っているなら。〉

ジャンネッタと合唱
〈おお、男前で、優しい青年!
彼から一歩も離れないわよ。
私は何でもやって見せるわ、
彼の心に恋の炎を燃やすためなら…〉

ネモリーノ
〈僕は言葉にも、ましてや表現などとても出来ない、
今感じている喜びを…
もしこの女性たちがみんな僕を愛しているなら
アディーナも僕を愛しているのだろう、
ああ! 何という感激だ!〉

ドゥルカマーラ
〈雲の上から落ちて行くようだ、
これは全く奇妙で、斬新なケースだ。
もしかすると、ワシは魔法の妙薬を
本当に所有しているかも知れんぞ。〉

ジャンネッタ
(ネモリーノに)
この木陰の傍らで
野外ダンスパーティーが開催されているのですが
あなたもいらっしゃいません?

ネモリーノ
おお! 勿論です。

合唱
踊っていただけます?

ジャンネッタ
私と。

ネモリーノ
はい。

合唱
私と。

ネモリーノ
ええ。

ジャンネッタ

Io son la prima. | 私が先。

CORO
Son io, son io. | 合唱 / 私よ、私よ。

GIANNETTA
Io l'ho impegnato. | ジャンネッタ / 私が予約したのよ。

CORO
Anch'io. Anch'io. | 合唱 / 私もよ、私も。

GIANNETTA
(strappandolo di mano dalle altre)
Venite. | ジャンネッタ / (他の女性たちの手から奪い取りながら) / あなた、いらして!

NEMORINO
Piano. | ネモリーノ / 穏やかに願いますよ!

CORO
(strappandolo)
Scegliete . | 合唱 / (彼を横取りしながら) / さあ、選んで!

NEMORINO
(a Giannetta)
Adesso.
Tu per la prima,
poi te, poi te. | ネモリーノ / (ジャンネッタに) / それじゃ、/ 君と最初に。/ 次は君と、その次は君と。

DULCAMARA
Misericordia!
Con tutto il sesso!
Liquor eguale del mio non v'è. (1) | ドゥルカマーラ / 大変だぞ! / 全員の女性と! / ワシの妙薬と同等の液体は存在しない。

(1) Un danzatore eguale non v'è.
彼と同等の踊り手は存在しない。
このフレーズが変更された。

ADINA
(avanzandosi)
Ehi, Nemorino. | アディーナ / (進み出ながら) / ちょっとネモリーノ!

NEMORINO
(fra sé)
Oh ciel! anch'essa. | ネモリーノ / (独白) / 〈やったぞ、アディーナまで!〉

DULCAMARA
Ma tutte, tutte! | ドゥルカマーラ / 全員だ、すべての女性だ!

ADINA
A me t'appressa.
Belcor m'ha detto
che, lusingato
da pochi scudi,
ti fai soldato. | アディーナ / 私の傍に来てくれない? / ベルコーレが私に話してくれたんだけれど、/ 幻想を抱いていたあんた、/ わずかなお金のために / 入隊したんだって?

GIANNETTA e CORO
Soldato! oh! diamine! | ジャンネッタと合唱 / 兵士に! まあ! どうしましょう!

ADINA
Tu fai gran fallo:
su tale oggetto,
parlar ti vo' | アディーナ / あんた、大間違いよ。/ その事で / 私あんたに話があるの。

NEMORINO
Parlate pure, parlate pure. | ネモリーノ / どうぞ話して下さい、さあどうぞ。

GIANNETTA e CORO
Al ballo, al ballo! | ジャンネッタと合唱 / 踊りましょう、踊りましょ。

NEMORINO
È vero, è vero.
(ad Adina)
Or or verrò.

DULCAMARA
Io cado dalle nuvole!
Liquore egual non v'è.

ADINA
(trattenendo Nemorino)
M'ascolta, m'ascolta.

NEMORINO
Verrò, verrò.

GIANNETTA e CORO
Al ballo, al ballo,
andiam, andiam.

ADINA
M'ascolta.

NEMORINO
(fra sé)
Io già m'immagino
che cosa brami.
Già senti il farmaco,
di cor già m'ami;
le smanie, i palpiti
di core amante,
un solo istante
tu dêi provar. (1)

ADINA
(fra sé)
Oh, come rapido
fu il cambiamento;
dispetto insolito
in cor ne sento.
O amor, ti vendichi
di mia freddezza;
chi mi disprezza
m'è forza amar.

ネモリーノ
そうだね、そうだよ。
(アディーナに)
すぐにそっちに行きますから。

ドゥルカマーラ
雲から転げ落ちそうだ!
この妙薬に勝る液体は存在しない。

アディーナ
(ネモリーノを捕まえながら)
話を聞いてよ、私の話を。

ネモリーノ
行きますよ、わかったから。

ジャンネッタと合唱
踊りましょ、さあ、踊りましょ。
行きましょうよ、行きましょう。

アディーナ
私の話を聞きなさい。

ネモリーノ
(独白)
〈僕にはもう見当が付いている
君が何を求めているのかは…
君はもう妙薬の効用を感じているんだ
心の中ではもう僕を愛しているんだ。
愛する人が感じる
熱望や、動悸を
ほんの一瞬だけでも
君は経験しなければならないのだ。〉

(1) hai da provar = 経験することができる
のフレーズも併用されている。

アディーナ
(独白)
〈まあ、心変わりが
こんなにも唐突に!
経験した事のない腹立ちを
胸の中で感じるわ。
愛の神よ、これはあなたの
私の冷淡さへのお仕置きだと言うの?
私を軽蔑している人を
無理にでも私は愛さなければならないとは…〉

写真:エマヌエーレ・ルッツァーティによる衣裳スケッチ
1970-71年スカラ座 ドゥルカマーラ

DULCAMARA
Sì, tutte l'amano:
oh, meraviglia!
Cara, carissima
la mia bottiglia!
Già mille piovono
zecchin di peso:
comincio un Creso
a diventar.

ドゥルカマーラ
まさに全ての女性が彼を愛しておる。
ああ、これぞ奇跡!
愛すべき、いとしき
我がひと壜!
すでに数千の
ゼッキーニ金貨の重みを感じている。
ワシはクロイソスに (1)
なったような気がする。

(1) クロイソス
リュディア王国最後の国王。およそ、前560年から546年
にかけて在位し、この間小アジア海岸の諸市を征服し、
交易に力を入れ、その富は計り知れぬ程であった。
ヘロドトスの「歴史」第1巻に詳しい。

GIANNETTA e CORO
Di tutti gli uomini
del suo villaggio
costei s'imagina
d'aver omaggio.
Ma questo giovane
sarà, lo giuro,
un osso duro
da rosicchiar.
(Nemorino parte con Giannetta e le contadine)

ジャンネッタと合唱
アディーナは
この村の全ての男性が
彼女に好意を抱いていると
勝手に思っているけれど、
ネモリーノは
誓って言うけれど
かじるには
骨が硬すぎるはずよ。
(ネモリーノはジャンネッタと娘たちと共に退場する)

ADINA
Come sen va contento!

アディーナ
なんて満足そうなの!

DULCAMARA
La lode è mia.

ドゥルカマーラ
その手柄は小生のものだ。

ADINA
Vostra, o dottor?

アディーナ
あなたのですって、先生?

DULCAMARA
Sì, tutta.
La gioia è al mio comando:
io distillo il piacer, l'amor lambicco
come l'acqua di rose, e ciò che adesso
vi fa maravigliar nel giovinotto.
Tutto portento egli è del mio decotto.

ドゥルカマーラ
そう、何もかも。
歓喜は我が命令に従うのだ。
小生は喜びを濃縮し、愛を蒸留するのだ。
バラから香水を搾り出すように… たった今
あの青年が君を驚愕させた事実は
小生が煎じた薬の影響なのだ。

ADINA
Pazzie!

アディーナ
馬鹿馬鹿しい!

DULCAMARA
Pazzie, voi dite?
Incredula! Pazzie? Sapete voi
dell'alchimia il poter, il gran valore
dell'elisir d'amore
della regina Isotta?

ドゥルカマーラ
馬鹿馬鹿しいと?
信じ難いと? 愚かだと? ならばご存知か、
錬金術の力を?
イゾルデ姫の
愛の妙薬の偉大な価値を?

ADINA
Isotta!

アディーナ
イゾルデ姫?

DULCAMARA
Isotta.
Io n'ho d'ogni misura e d'ogni cotta.

ドゥルカマーラ
イゾルデ姫だ。
ワシはなあ、その処方と調合に通じている。

ADINA
(Che ascolto?) E a Nemorino
voi deste l'elisir?

アディーナ
〈まさか、この耳を疑う!〉ということはネモリーノに
あなたはその妙薬とやらを与えたの?

DULCAMARA

ドゥルカマーラ

Ei me lo chiese
per ottener l'affetto
di non so qual crudele...

ADINA
Ei dunque amava?

DULCAMARA
Languiva, sospirava
senz'ombra di speranza. E, per avere
una goccia di farmaco incantato,
vendé la libertà, si fe' soldato.

ADINA
(Quanto amore! Ed io, spietata,
tormentai sì nobil cor!)

DULCAMARA
(Essa pure è innamorata:
ha bisogno del liquor.)

ADINA
Dunque... adesso... è Nemorino
in amor sì fortunato!

DULCAMARA
Tutto il sesso femminino
è pel giovine impazzato.

ADINA
E qual donna è a lui gradita?
Qual fra tante è preferita?

DULCAMARA
Egli è il gallo della Checca
tutte segue; tutte becca.

ADINA
(Ed io sola, sconsigliata
possedea quel nobil cor!) (1)

あの男がワシに質問したのだ…
愛情を手に入れるために
相手は誰か知らんが…

アディーナ
彼は愛していたという事ね？

ドゥルカマーラ
あの男は嘆き、ため息をついていた…
希望のキの字もなく… そこで
その魔法の液体のひと滴を得るために
自由を売ったのだ… 兵士になったのだ。

アディーナ
〈愛とはこのことよ！ なのに、薄情な私は
こんなに高貴な心を悩ませていたのね！〉

ドゥルカマーラ
〈どうやらアディーナも恋に落ちたようだ。
葡萄酒が必要になるだろう。〉

アディーナ
ということは… いま… ネモリーノは
愛の幸福の絶頂の中にいるのね！

ドゥルカマーラ
およそ全ての女性は
あの青年に首ったけだ。

アディーナ
でもどの女性が彼の好みなの？
大勢のお気に入りの女性の中で？

ドゥルカマーラ
彼は今やこの村で一番の色男だ。
どの女も彼を追いかけ、掠め取ろうとする。

アディーナ
〈なのに私だけが、愚かだったわけね…
あの高貴な心は私を捉えていたというのに！〉

(1) possedea sì nobil cor!
彼はこれほど高貴な心をもっていた！
に変更されている。

DULCAMARA
(Essa pure è innamorata:
ha bisogno del liquor.)
Bella Adina, qua un momento...
più dappresso... su la testa.
Tu sei cotta... io l'argomento
a quell'aria afflitta e mesta.
Se tu vuoi?...

ADINA
S'io vo'? Che cosa?

DULCAMARA
Su la testa, o schizzinosa!
Se tu vuoi, ci ho la ricetta
che il tuo mal guarir potrà.

ADINA
Ah! dottor, sarà perfetta,
ma per me virtù non ha.

DULCAMARA

ドゥルカマーラ
〈アディーナも恋をしたようだ…
葡萄酒が必要になるだろう。〉
別嬪のアディーナさん、ちょっとこちらへ…
もっと近づいて… 頭を上げて！
君は恋している… ワシには手に取るようにわかるよ、
その悲愴感漂う苦しそうな様子を見れば…
もし君が望むなら…

アディーナ
私が望むなら？ 何を？

ドゥルカマーラ
さあ、頭を上げなさい、難儀な人だね！
君さえ望むのなら、ワシは
その苦痛を取り除く処方ができるんだよ。

アディーナ
ああ！ 先生、それができれば最高だわ、
でも、私にはその価値がないのよ。

ドゥルカマーラ

Vuoi vederti mille amanti
spasimar, languire al piede?

ADINA
Non saprei che far di tanti:
il mio core un sol ne chiede.

DULCAMARA
Render vuoi gelose, pazze
Donne, vedove, ragazze?

ADINA
Non mi alletta, non mi piace
di turbar altrui la pace.

DULCAMARA
Conquistar vorresti un ricco?

ADINA
Di ricchezze io non mi picco.

DULCAMARA
Un contino? Un marchesino?

ADINA
Io non vo' che Nemorino.

DULCAMARA
Prendi, su, la mia ricetta,
che l'effetto ti farà.

ADINA
Ah! dottor, sarà perfetta,
ma per me virtù non ha.

DULCAMARA
Sconsigliata! E avresti ardire (1)
di negare il suo valore?

(1) E avresti core di negare il suo valore?

ADINA
Io rispetto l'elisire,
ma per me ve n'ha un maggiore:
Nemorin, lasciata ogni altra,
tutto mio, sol mio sarà.

DULCAMARA
(Ahi! dottore, è troppo scaltra:
più di te costei ne sa.)

ADINA
Una tenera occhiatina,
un sorriso, una carezza,
vincer può chi più si ostina,
ammollir chi più ci sprezza.
Ne ho veduti tanti e tanti,
presi cotti, spasimanti,
che nemmanco Nemorino
non potrà da me fuggir.
La ricetta è il mio visino,
in quest'occhi è l'elisir.

DULCAMARA
Sì, lo vedo, o bricconcella,

君は、何千人もの男達が
その足元に跪く光景を見たいのかね?

アディーナ
そんなに大勢の心なんて求めていないわ、
私の心が望んでいるのはたった一つの心!

ドゥルカマーラ
君は大勢の女性を、未亡人達を、娘達を
嫉妬させ、狂乱させたいのかね?

アディーナ
よそさまの平穏を乱すなんて
そんな気にもならないわ。

ドゥルカマーラ
富を手に入れたいのかね?

アディーナ
裕福さを自慢するなんて!

ドゥルカマーラ
伯爵の子息を? 侯爵の子息を?

アディーナ
ネモリーノ以外の男性には興味がないわ!

ドゥルカマーラ
それなら、さあ、小生の処方をお取りなさい、
必ずや君に効果が現れるだろう。

アディーナ
ああ! 先生、処方は素晴らしいでしょうが、
私にはそんな価値ないわ。

ドゥルカマーラ
難儀な人だな! どうしても君は
その妙薬の効果を否定するのかね?

君はその効果を否定する心を持っているのかね?
に変更されている。

アディーナ
わたしは妙薬を否定はしないわ、でも、
わたしには、もっと効果のあるものが…
ネモリーノは他の全ての女性から離れて
私だけのものになるのよ!

ドゥルカマーラ
〈おやおや! 付け入る隙がないなあ…
博士号もこの女には形無しだな。〉

アディーナ
甘美な目くばせ
満面の笑み、愛撫…
これで頑なな男にも打ち勝てるし
無視している男もとろけさせる事ができるのよ。
何人も何人も私は見てきたわ、
心に炎がともり、恋に酔ってしまう男達を。
ネモリーノも例外じゃないわ、
わたしから逃れる事はできないのよ。
処方箋はわたしのこの愛らしい顔、
妙薬はこの瞳の中にあるのよ。

ドゥルカマーラ
そうだね、わかるよ、小悪魔さん、

ne sai più dell'arte mia:	君はワシの芸術よりずっと良く心得ているようだ…
questa bocca così bella	その限りなく美しい唇が
è d'amor la spezieria:	愛の薬舗だ。
hai lambicco ed hai fornello	君は蒸留器と溶鉱炉を持っている、
caldo più d'un Mongibello	それはエトナ火山よりも熱く
per filtrar l'amor che vuoi,	君が望む愛を蒸留し
per bruciare e incenerir.	燃やし、灰にしてしまうほどのものだ…
Ah! vorrei cambiar coi tuoi	ああ! 君のそれと交換したいよ
i miei vasi d'elisir.	ワシの妙薬の壷を…
(partono)	(彼らは退場する)

Scena settima　　　　　　　　　第7景

NEMORINO　　　　　　　　　ネモリーノ

Una furtiva lagrima (1)	人目を忍んだひとしずくの涙が
negli occhi suoi spuntò...	彼女の瞳に現れた…
quelle festose giovani	はしゃいでいた娘たちに
invidiar sembrò...	嫉妬しているように僕には思えた…
Che più cercando io vo?	これ以上僕は何を求めているのだろう?
M'ama, lo vedo.	彼女は僕を愛している… 僕にはそれがわかる。
Un solo istante i palpiti	ほんの一瞬だけど、
del suo bel cor sentir!..	彼女の清廉な心の波打つ動悸を僕は感じる!…
Co' suoi sospir confondere	彼女のため息と
per poco i miei sospir!...	僕のため息がもうすぐ一つになって… そうなれば、
Cielo, si può morir;	天よ、死ぬことだって出来る!
di più non chiedo.	僕は、これ以上もう何も望まない。
Eccola... Oh! Qual le accresce	彼女だ… おお! 愛を育む事実が
beltà l'amor nascente!	彼女をこれ程までにも美しく輝かせている!
A far l'indifferente	でも、無関心の振りをしていよう、
si seguiti così finché non viene	彼女が本当の気持ちを
ella a spiegarsi.	明かすまでは。

Una furtiva lagrima (1)　　(1) lagrima = 涙
　　　　　　　　　　　　　　lacrima = 涙　と歌唱しても良い。

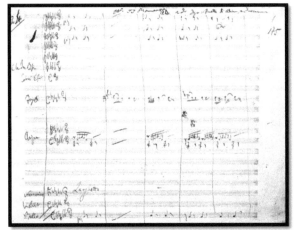

写真上、左：*Una furtiva lagrima* の直筆譜

Scena ottava

Adina e Nemorino.

ADINA
Nemorino!... Ebbene!

NEMORINO
Non so più dove io sia:
giovani e vecchie,
belle e brutte mi voglion per marito.

ADINA
E tu?

NEMORINO
A verun partito
Appigliarmi non posso: attendo ancora...
La mia felicità... (Che è pur vicina.)

ADINA
Odimi.

NEMORINO
(allegro)
(Ah! ah! ci siamo.)
Io v'odo, Adina.

ADINA
Dimmi: perché partire,
perché farti soldato hai risoluto?

NEMORINO
Perché?... Perché ho voluto
tentar se con tal mezzo il mio destino
io potea migliorar.

ADINA
La tua persona...
la tua vita ci è cara...
Io ricomprai
il fatale contratto da Belcore.

NEMORINO
Voi stessa!
(È naturale: opra è d'amore.)

ADINA
Prendi; per me sei libero: (1)
resta nel suol natio,
non v'ha destin sì rio
che non si cangi un dì.
(gli porge il contratto)
Qui, dove tutti t'amano,
saggio, amoroso, onesto,
sempre scontento e mesto
no, non sarai così.

NEMORINO
(Or or si spiega.)

ADINA
Addio.

第8景

アディーナとネモリーノ。

アディーナ
ネモリーノ!… どうするのよ!

ネモリーノ
僕にはもう何がなんだかさっぱり解らない。
若いのも年増も
美人も醜女も、みんな僕を夫にしたいらしい…

アディーナ
で、あんたは?

ネモリーノ
誰を伴侶とするか
まだ何も決めていないよ。もう少し待ってから…
僕の幸せは…〈僕の一番近くにあるのに!〉

アディーナ
聞いてくれる。

ネモリーノ
(上機嫌になって)
〈これだよ! これを待っていたんだ!〉
聞くよ、アディーナ。

アディーナ
答えて。どうして出発するの、
何があんたを兵士にさせたの?

ネモリーノ
何がって… 僕は試そうと思ったんだ、
兵士になることで僕の運命を
より良い方向に向けることができると…

アディーナ
あんた自身…
あんたの命はね、私たちに大事なのよ…
私、買い戻したの…
ベルコーレから運命の契約書を。

ネモリーノ
君が!
〈当然のことだ、愛のなせる技だ。〉

アディーナ
これ、あなたに! 私のために自由になって頂戴…
生まれ故郷を離れないでね、
いつまでも変わらないような
そんな残酷な運命なんてないはずよ。
(彼に契約書を手渡す)
この村では、みんなあなたの事好きよ、
分別あって、愛情深く、実直なあなたのことを…
不平勝ちで、陰気なあなたには
決してなってはいけないわ。

(1) *作曲者はこの prendi＝あなたは受け取る を、2度使用している。*

ネモリーノ
〈すぐにも白状するぞ。〉

アディーナ
じゃあ、さようなら。

NEMORINO
Che! Mi lasciate?

ADINA
Io... sì.

NEMORINO
Null'altro a dirmi avete?

ADINA
Null'altro.

NEMORINO
Ebben, tenete.
(le rende il contratto)
Poiché non sono amato,
voglio morir soldato:
non v'ha per me più pace
se m'ingannò il dottor.

ADINA
Ah! fu con te verace
se presti fede al cor.
Sappilo alfine, ah! sappilo:
tu mi sei caro, e t'amo:
quanto ti féi già misero,
farti felice io bramo:
il mio rigor dimentica,
ti giuro eterno amor.

NEMORINO
Oh, gioia inesprimibile!
Non m'ingannò il dottor.
(Nemorino si getta ai piedi di Adina)

Scena nona

*Belcore con soldati e detti:
indi Dulcamara con tutto il villaggio.*

BELCORE
Alto!... Fronte!... Che vedo? Al mio rivale
l'armi presento!

ADINA
Ella è così, Belcore;
e convien darsi pace ad ogni patto.
Egli è mio sposo: quel che è fatto...

BELCORE
È fatto.
Tientelo pur, bricconaa.
Peggio per te. Pieno di Donne è il mondo:
e mille e mille ne otterrà Belcore.

DULCAMARA
Ve le darà questo elisir d'amore.

NEMORINO
Caro dottor, felice
io son per voi.

TUTTI
Per lui!!

ネモリーノ
何だって! 僕を放棄して?

アディーナ
わたしが… ええ。

ネモリーノ
僕に他に言う事はないのか?

アディーナ
他には何もないわ。

ネモリーノ
だったら、これはいらない。
(彼女に契約書をつき返す)
僕が愛されていないのなら
兵士として死にたい。
僕にはもはや安らぎはないんだ、
もし先生が僕を騙したんだったら。

アディーナ
いいえ! 彼はあなたを偽ってはいないわ
もしあなたの心に誠実さがあるなら…
あなたは知るべきよ、ああ! 知るべきなのよ
あなたが私の大切な人で、あなたを愛してる事を…
今まで私はあなたをどんなに苦しめた事か…
その分、あなたを幸せにしてあげたい!
私の意地悪な心は忘れて頂戴、
あなたに永遠の愛を誓うわ。

ネモリーノ
おお、言葉には尽くせない喜びだ!
先生は僕を騙さなかったんだ。
(ネモリーノはアディーナの足元に身を投げ出す。)

第9景

兵士たちを従えたベルコーレと前景の人たち。
続いて、ドゥルカマーラが村中の人たちと共に登場する。

ベルコーレ
止まれ!… 気をつけ!… どうなってる? 恋敵に
先を越されてしまった!

アディーナ
ベルコーレ、見ての通りよ、
あらゆる契約を穏便に解決するべきね。
彼は私の夫。済んでしまった事は…

ベルコーレ
済んだ事。
どうぞ彼をご主人に、小悪魔さん!
損するのは君だからね。世の中は女性に満ちている、
ベルコーレはその数千人の中から選ぶのさ。

ドゥルカマーラ
この愛の妙薬が探してくれるだろう。

ネモリーノ
先生、僕は
先生のおかげで幸せです。

一同
彼のおかげで!

DULCAMARA
Per me. Sappiate
che Nemorino è divenuto a un tratto
il più ricco castaldo del villaggio...
Poiché morto è lo zio...

ADINA e NEMORINO
Morto lo zio!

GIANNETTA
Io lo sapeva.

DULCAMARA
Lo sapeva anch'io.
Ma quel che non sapete,
né potreste saper, egli è che questo
sovrumano elisir può in un momento,
non solo rimediare al mal d'amore,
ma arricchir gli spiantati.

CORO
Oh! il gran liquore!

DULCAMARA
Ei corregge ogni difetto
ogni vizio di natura.
Ei fornisce di belletto
la più brutta creatura:
camminar ei fa le rozze,
schiaccia gobbe, appiana bozze,
ogni incomodo tumore
copre sì che più non è...

CORO
Qua, dottore... a me, dottore...
un vasetto... due... tre.

DULCAMARA
Egli è un'offa seducente
pei guardiani scrupolosi;
è un sonnifero eccellente
per le vecchie e pei gelosi;
Dà coraggio alle figliuole
che ha paura a dormire sole;
Svegliarino è per l'amore
più potente del caffè.

CORO
Qua, dottore... a me, dottore...
un vasetto... due... tre.
*(In questo mentre è giunta in iscena
la carrozza di Dulcamara.
Egli vi sale: Tutti lo circondano.)*

DULCAMARA
Prediletti dalle stelle,
io vi lascio un gran tesoro.
Tutto è in lui; salute e belle,
allegria, fortuna ed oro,
Rinverdite, rifiorite,
impinguate ed arricchite:
dell'amico Dulcamara
ei vi faccia ricordar.

ドゥルカマーラ
ワシのおかげだ。皆さんもご存知のように
ネモリーノ君は突然
この村で最も裕福な農業従事者になった…
叔父上がお亡くなりになったからだ…

アディーナとネモリーノ
亡くなったって!

ジャンネッタ
私は知ってたわ。

ドゥルカマーラ
ワシも知っていた。
しかし、みなさんの知らない事は、
いや、知る由もなかった事は、
ここにある人知をはるかに超えた妙薬は、
愛の苦悩を癒すだけではなく
無一文の人間を一瞬にして金満家にする事だった。

合唱
おお! それはすごい液体だ!

ドゥルカマーラ
この液体は、あらゆる欠陥、
自然界の全ての悪癖を矯正してくれるのだ。
この液体は、化粧で覆い隠してくれるのだ
二目と見られぬ悲惨な顔立ちを…
老いぼれた雌馬を歩き出させ、
猫背を矯正し、吹き出物を消し去り、
あらゆる不快な腫れ物を
まるで何も存在しなかったかのように隠してくれるのだ…

合唱
くださいな、先生… 私に、先生…
ひと瓶… ふた瓶… さん瓶…

ドゥルカマーラ
慎重な看守にとっては
心引き付ける賄賂ともなり、
お年を召したご婦人方や、嫉妬深い方々には
薬効群を抜く睡眠剤。
独り寝の恐怖にさいなまれる
娘さんたちには勇気を与え、
愛の目覚まし時計にもなり、
その効用はコーヒーさえも及ばない!

合唱
くださいな、先生… 私に、先生…
ひと瓶… ふた瓶… さん瓶…
(この間舞台上に
ドゥルカマーラの馬車が到着する。
彼はそれに乗り込む。一同彼を取り囲む。)

ドゥルカマーラ
宇宙の星に讃えられたみなさん、
小生は偉大な宝を残してゆきます。
全てはこの中に閉じ込められています。健康も、美も、
歓喜、幸運さらには黄金まで。
活気を取り戻させ、再び花開かせ、
心豊かにさせ、そして、裕福にさせるのです。
友人としてのドゥルカマーラを
この液体は思い出させてくれることでしょう。

CORO
Viva il grande Dulcamara,
dei dottori la Fenice! (1)

合唱
偉大なドゥルカマーラ、万歳、
医師たちの中の不死鳥!

(1) possa presto a noi tornar!
早く我々の元に戻って来てくださいよ!
に変更されている。

NEMORINO
Io gli debbo la mia cara.
Per lui solo io son felice!
Del suo farmaco l'effetto
non potrò giammai scordar.

ネモリーノ
彼女が妻になったのは、あの人のおかげ!
彼のおかげで僕は幸せだ!
彼の妙薬の効能を
決して僕は忘れる事ができない。

ADINA
Per lui solo io son felice!
del suo farmaco l'effetto
non potrà giammai scordar.

アディーナ
彼のおかげで私は幸せ!
彼の妙薬の効能を
決して私は忘れる事ができないわ。

BELCORE
Ciarlatano maledetto,
che tu possa ribaltar!
(Il servo di Dulcamara suona la tromba.
La carrozza si muove.
Tutti scuotono il loro cappello e lo salutano.)

ベルコーレ
呪われたイカサマ行商人め、
どこかで躓くといい!
(ドゥルカマーラの弟子がラッパを吹く。
馬車が動き出す。
一同は帽子を振って彼に挨拶をする。)

ADINA
Un momento di piacer
brilla appena a questo cor
che s'invola dal pensier
la memoria del dolor.
Fortunati affanni miei,
maledirvi il cor non sa:
senza voi, no non godrei
così gran felicità.

アディーナ(2)
喜びのひと時が
私の心に降り注ぐ。
それは苦しい想い出を
消し去ってくれる。
私の心苦しい思いを
この心はそれを呪う事などできない。
あなたがいなければ、決して、決して、
こんなに大きな幸せを私は享受する事はできなかった。

(2) このアディーナの台詞は作曲されていない。

CORO
Or beata appien tu sei
nella tua tranquillità.

Viva il grande Dulcamara
la Fenice dei dottori:

con salute, con tesori

possa presto a noi tornar.

合唱
アディーナ、今はすっかり幸福なようだ、
その落ち着きの中で! (2)
偉大なドゥルカマーラ、万歳、
医師たちの中の不死鳥!
健康と、その宝物とともに(3)
もう一度この村に戻ってくる事が出来ますように。

(2),(3)のフレーズは作曲されていない。

FINE 幕

参考文献

Dizionario dell'Opera Enel
Mozart lirico Cesare e Ida Paldi Bonacci editore
Enciclopedia della Musica De Agostini
La nuova enciclopedia della musica Garzanti
Tutti i libretti di Gaetano Donizetti Garzanti
L'elisir d'amore di Gaetano Donizetti Ricordi
Donizetti Itinerari di un operista europeo Mazzotta
Il grande libro dell'opera lirica a cura di Piero Mioli G.M.Newton

©河原　廣之＝翻訳・注釈・編集

昭和音楽大学助教授、新国立劇場オペラ研究所講師、
大阪音楽大学大学院オペラ研究科講師を経て
舞台言語表現研究と実践指導に携わる。
神戸大学在学中にイタリアに渡り
ウルビーノ大学文学部にて、トゥッリオ・デ・マウロの
「一般言語学概論講義」を中心に、音韻論、語源学
近代イタリア文学、音声学を研究。
ミラノ・スカラ座日本公演
フィレンツェ歌劇場日本公演主任通訳をはじめ
全国の二期会、東京オーチャードホール、愛知県立芸術劇場
滋賀県立びわこホール、カレッジオペラハウス、
堺シティオペラ、東京室内歌劇場など全国の主要歌劇場での
イタリア語舞台言語表現法、演出、
字幕作家として精力的にかかわる。
また、名古屋二期会でのイタリア歌曲研究会
浜松オペラセミナーなどで後進の指導にあたっている。
イタリアにおいても
フィオレンツァ・コッソット
など世界的なオペラ歌手たちとともに
声楽研修を行っている。

対訳　愛の妙薬
2009年12月29日　改訂初版発行
2018年10月15日　新訳初版発行
発行者　河原隆子
発行所
ユニバーサルアートミュージック株式会社
おぺら読本出版
郵便振替 00970-7-32279　おぺら読本出版
おぺら読本出版ホームページ
http://operapec.jp/
定期購読申込 E－mail
operapec@hcn.zaq.ne.jp
operapec@uam.jp
表紙デザイン
(株) D.P　Tsukasa.Os